《家长阅读》丛书

让孩子敢于梦想

《家长阅读》丛书编委会◎编

河海大学出版社
HOHAI UNIVERSITY PRESS
·南京·

图书在版编目(CIP)数据

让孩子敢于梦想 /《家长阅读》丛书编委会编. --
南京 ：河海大学出版社，2023.3
（《家长阅读》丛书）
ISBN 978-7-5630-8201-8

Ⅰ.①让… Ⅱ.①家… Ⅲ.①家庭教育－研究－中国
Ⅳ.①G78

中国国家版本馆 CIP 数据核字(2023)第 035446 号

书　　名　让孩子敢于梦想
　　　　　RANG HAIZI GANYU MENGXIANG
书　　号　ISBN 978-7-5630-8201-8
责任编辑　吴　淼
特约校对　程晓霞
封面设计　徐娟娟
出版发行　河海大学出版社
地　　址　南京市西康路 1 号(邮编:210098)
电　　话　(025)83737852(总编室)
　　　　　(025)83722833(营销部)
　　　　　(025)83786652(编辑室)
经　　销　江苏省新华发行集团有限公司
排　　版　南京布克文化发展有限公司
印　　刷　江苏农垦机关印刷厂有限公司
开　　本　880 毫米×1230 毫米 1/32
印　　张　2.75
字　　数　60 千字
版　　次　2023 年 3 月第 1 版
印　　次　2023 年 3 月第 1 次印刷
定　　价　15.00 元

《让孩子敢于梦想》编委会

前　言

家庭是社会的基本细胞，家庭承载着国家与民族的前途和希望。“天下之本在国，国之本在家”“家和万事兴，家齐国安宁”。以习近平同志为核心的党中央高度重视家庭、家教和家风建设。在2018年全国教育大会上，习近平同志对家庭教育作了“四个第一”的精辟概括。他指出，家庭是人生的第一所学校，家长是孩子的第一任老师，要给孩子讲好“人生第一课”，帮助扣好人生第一粒扣子。在2015年春节团拜会上，习近平同志谆谆告诫大家：不论时代发生多大变化，不论生活格局发生多大变化，我们都要重视家庭建设，注重家庭、注重家教、注重家风，紧密结合培育和弘扬社会主义核心价值观，发扬光大中华民族传统家庭美德，促进家庭和睦，促进亲人相亲相爱，促进下一代健康成长，促进老年人老有所养，使千千万万个家庭成为国家发展、民族进步、社会和谐的重要基点。

2021年10月23日，第十三届全国人民代表大会常务委员会第三十一次会议通过了《中华人民共和国家庭教育促进法》（以下简称《家庭教育促进法》），标志着家庭教育真正地由“家事”变成“国事”。

认真学习习近平总书记对家庭教育的系列讲话精神，全面贯彻落实《家庭教育促进法》，进而实现中华民族伟大复兴的中国梦，是我们编纂《家长阅读》丛书的初衷。

坚持科学性、知识性、趣味性，立足高品位，弘扬正能量，博采天下家教精华，读者朋友喜闻乐见，成为“家长的益友，家教的良师”，是《家长阅读》丛书的编纂宗旨，也是《家长阅读》丛书不懈追求的目标。

家庭教育是一切教育的基础。家庭教育决定孩子的未来。走进新时代，如何做一名合格的家长，是每一位负责任、有担当的家长不能回避的问题。

为国教子，是新时代家庭教育的价值取向。坚持为家教子与为国教子的有机统一，坚持个人成长与社会进步的有机统一，万户千家共同发力，各方能量竞相叠加，才能形成民族前行的磅礴之势。

立德树人，是新时代家庭教育的核心要义。家长要善于掌握规律，科学育德，灵活育德，根据新时代儿童成长特点，培养孩子高尚的操守和优秀的品格。

以身垂范，是新时代家庭教育的基本方法。家长要秉持正确的世界观、人生观、价值观，谨言慎行，防微杜渐，言传身教，做好表率。

本套丛书的编纂工作，得到河海大学出版社的鼎力支持，国内著名家庭教育专家赵忠心、赵刚、卢勤、王大龙等老师也倾力相助，在此谨致衷心的感谢！

《家长阅读》丛书编委会

目 录

第1章　家教视点

引言：人生因梦想而精彩，平凡因梦想而伟大。梦想是我们的第二个灵魂，梦想是我们的第二次生命，让孩子们敢于梦想，让我们助推孩子的梦想，让每一个稚嫩的憧憬变成明天的现实，让每一个美丽的梦想陪伴孩子们成长！在本书的编写过程中，我们约请了赵刚等知名专家学者从多层面、多角度与各位家长分享“放飞孩子梦想”的话题，以引起大家重视，共同营造“让孩子敢于梦想”的环境。

孩子能否梦想成真检验着家庭的教子智慧

计算机、互联网的出现，标志着人类社会进入智能化的新时代。互联网技术不断地改变着人们的教育、工作、生活方式，人类文明已从年轻人向长者学习的前喻文化时代进入了两代人互相学习的并喻文化时代。在这个时代，一个不善于学习的家长、一个室无书香的家庭将会渐失引导孩子成长的话语权与威望。

人类以组建家庭的形式展开生活是文明与进步的标志，

因而，家庭这个最小的社会组织也具备了多种功能，其中的生儿育女、优化生命就成了家庭最基本的职能，赋予了家庭教育后代的职责。尽管工业革命后出现了大规模的学校教育，但家庭特有的教育功能仍然不是学校所能替代的。长期以来，很多人一提到教育，马上想到的就是学校教育，认为教育就是学校的事；绝大多数的教育工作者也认为，教育是科学，教育必须要由具备专业素养的人来进行，于是教育也逐渐成了一个“不可合作”的行业，结果学校越来越封闭，教师越来越辛苦，最终学校就成了包办教育的“无限责任公司”。

互联网改变了传统的知识传播形式与手段，人们获取知识与信息的方法已经多元化。现实表明：学校教育功能已经在减弱，家庭教育功能正在增强，人类教育格局正走向家庭与学校共同教育学生的时代，即家校合作时代。大量研究表明，没有家庭教育配合的教育体系必定问题丛生，单就学校教育进行教育改革的思维方式已经过时。人类的教育是一个综合了家庭教育、学校教育、社会教育和自我教育的立体式系统工程，需要家庭、学校、社会的密切配合和协同发展，与受教育者个体形成合力，才能取得应有的效果。

未来 10～15 年，高校教育将发生翻天覆地的变化。人工智能引发的职场变革、互联网带来的知识爆炸，将逼迫高校从一个提供文凭背书的认证机构，变成一个使人“能力附体”的训练营。正如《世界是平的》一书作者弗里德曼所说：“学历不能证明能力,世界只在乎你能做什么,至于你在哪学的,怎样学的,重要吗?”未来的公司认证、专业资质将挑战传统的学校文凭。有研究曾预言,未来或许会被淘汰的将是这八种人:八小时以外不学习的人、对新生事物视而不见的人、靠个人能力单打独斗的人、心理脆弱易受伤的人、技能单一无特长的人、眼光短浅计较眼前的人、智商高情商低的人、观念保守不善创新的人。

前几年,承以色列驻华使馆前大使安泰毅之邀,笔者曾赴使馆畅谈中以文教交流话题,获赠《以色列:小国强大的内因》一书。今天以色列以其巨大的成就与公认的实力被誉为“世界上最小的超级大国”,“犹太人”成为智慧与财富的代名词。其成就来自哪里? 这本书归纳为六点:一是家庭,二是化逆境为机遇,三是厚脸皮(高情商之形象表述),四是教育,五是勇于实践,六是奉献。从中可见家庭的作用与力量。犹太人中的罗斯柴尔德家族的发展史,堪称不可思议的奇迹,这个家族19世纪全盛时据称掌控了欧洲约四分之一的财富。奇迹的持续至今已十余代,产业遍布全球。家族产业创始人梅耶1812年去世时留下遗训:只要你们团结一致,就所向无故;你们分离那天,将是你们失去繁荣的开始。可见,重视家庭建设,完善家规、族规等管理方式,实施科学的教育手段,改善家人的行为习惯,形成优秀的风气,这是人类的共同追求与认知。

我经常以“把教育完全寄托给学校,孩子的人生注定失败”为题,给中小学生家长做报告。许多家长乍一看题目,会

质疑这个说法是否有些绝对，但听完报告后多表示赞同我的观点，称该题目有哲理。当今的国际化、市场化、信息化，冲击着重考试、唯学历、学校教育功能无限的应试教育思维。用人单位产权体制的改变和高等教育的普及，必然引领我们的孩子从“文凭社会”走向“能力社会”。技术改变着人们获取知识与信息的渠道和方法，但改变不了人的遗传习性与个性化特征。一位中学班主任老师曾跟我说：“作为教师，我比谁都知道分数的重要，但我从教几十年，无数学生的人生经历告诉我，比分数更重要的首先是身心健康，其次是正直勤勉，再次是面对困难的勇气与能力，最后才是成绩优秀。同一个班级内孩子之间的竞争，归根到底，是家长综合素质和付出心力的竞争。”

今天看待一个家长是否合格，不仅看其给孩子留下多少物质财产，更看其给孩子多少精神财富；不仅看其为孩子开辟多少成长捷径，更看其给孩子人生多少指导；不仅看其管教孩子的能力，更看其是否与孩子共同成长。总而言之，正如习近平总书记在全国教育大会上强调的“家庭是人生的第一所学校，家长是孩子的第一任老师，要给孩子讲好‘人生第一课’，帮助扣好人生第一粒扣子。”

网络课堂、在线教育近几年的高度普及，使人们重新认识了家庭的功能与家庭教育的价值。信息技术发展的突飞猛进，打破了传统的人类学习方式和工作形式，今天的家长如果沿袭旧有的就业思维，我们的孩子将难以在智能化时代立足。没有智慧教子的理念与方法，我们的孩子将失去未来。智慧教子，是家长应具备的基本教育理念，尤其是当今的时代，梦想也是理想，让孩子梦想成真，家庭教育更需要大智慧。

（赵　刚）

梦想不会怠慢每一个脚印

父母多么希望，在孩子渐渐长大的过程中，清晨是“日出雾露馀，青松如膏沐”，傍晚是“楼上黄昏杏花寒，斜月小栏干”，夜晚是“夜阑清露泻银河，洗出芙蓉半朵”啊。这样，他们的生命就有了诗意的栖居，每一个日子就有了别样的华彩！

然而，当前社会教育越来越功利化，许多人已然无辜地被裹挟于“内卷”的大潮之中，即便是那曾经神圣、笃定的梦想，亦会屈从于无情的现实而变得遥不可及。这样看来，梦想或许是一个折磨人的东西，故网络上曾一度流行“梦想很丰满，现实很骨感”的调笑。

让孩子敢于梦想，并最终实现梦想，确有难度。但是，笔者想说的是，最艰难的成功，不是超越别人，而是战胜自己；最可贵的坚持，不是历经磨难，而是保持初心。任何情况下，我们所要做的，是尽力做好自己，让每一个今天优于昨天。时间不会辜负每一点努力，梦想不会怠慢每一个脚印！

作为家长，我们应该如何引导孩子，让他们孜孜不倦地追逐自己的人生梦想呢？

用兴趣去点燃

在 2022 年北京冬奥会上，19 岁的谷爱凌用 2 金 1 银的成绩赢得了万众瞩目。一时间，她成功的秘诀成了人们所关注的焦点。有人认为她是中美教育优势互补的受益者，有人认为她是精英家庭教育的优秀成果，更有人认为这是她的天赋使然，当然也有人说她身上有一种勤学苦练的精神……然而谷爱凌在一次接受采访时，这样说道："做你喜欢的事，有热爱，那你在练习的时候就不会感觉累。我不是为了比奥运会而滑雪，也不是为了上斯坦福而学习，做这些事情，是因为我自己有对它的热爱……"由此，我们不难发现谷爱凌成功的根本原因是——热爱！

爱因斯坦曾说："兴趣是最好的老师。"在现实生活中，很多人都曾因热爱而取得过伟大成就，后来又因为不再热爱，人生从此变得平庸。很多大学生，不热爱自己所学的专业，职业与专业不对口，结果很难在工作上有所突破，何谈实现人生梦想？

家长首先要能够挖掘孩子的天赋，和孩子一起找到兴趣所在；然后再引导孩子尝试去做自己感兴趣的事，在做事的过程中体验成功的喜悦并发展自己的潜能；最后，还要不断鼓励他们持续去做，遇到困难也不放弃，保持热爱之情。

用学习去实现

爱迪生说过："天才是1%的灵感，加上99%的汗水。"纵观我们身边的人，但凡实现自身梦想的，都须经过不懈的努力。天下没有掉馅饼的事，只有通过自身的刻苦钻研，才有成功的可能。"书山有路勤为径，学海无涯苦作舟。"快乐成长本没错，但学习的过程是一定要付出辛苦的。现在，总有人以为，中国的孩子学习太辛苦，国外的教育才是真正快乐和轻松的。其实，即便在国外，优秀的学生同样需要付出百倍的努力才能取得更佳的成绩，例如新加坡的小学生学习领域非常广泛，除了一些基本的课程之外，还有艺术、语言等方面的附加课程。

千里之行始于足下，谁也不能无缘无故获得成功。一个人为自己的梦想努力拼搏的过程，最为可贵。哪怕结果并不如愿，至少我们不曾遗憾！家长应引导孩子明白学习的意义，感受学习的价值，鼓励他们坚持学习，并在坚持的过程中，把对学习的兴趣从感性的冲动上升到理性的自我成长。家长须让孩子懂得，我们来到这个世界，在不同的成长阶段，肩负着不同的责任。学生时代的勤奋学习，就是我们的责任。我们很难期待，一个孩子在该学习的时候不努力学习，没有目标，不懂得付出，长大后会在工作岗位上变得肯付出、爱拼搏。

与其说勤奋学习是在学知识、增才干，不如说是为孩子实现梦想，培养积极向上的品质。稳步前进才能到达远方，不断进步才能有所作为。

用赏识去激励

学校都有些或大或小的考试或是活动，这就总会有个分数高低或等次评价，如此，便是几家欢喜几家愁了！我曾亲见一位温文尔雅、谈吐不俗的父亲将试卷怒摔在孩子身上，抹着泪佯装再也不管孩子了。殊不知，此时破碎的不仅是为人父母的心，也有为人子女的心啊！父母不想“卷”，社会却造就了“卷”的大势，但卷来卷去，总会有个正数一二三和倒数一二三。那么，我们不妨适当放一放焦躁的心，从生命的角度，来看待孩子的未来。诚如电视剧《人世间》所言：“孩子若是平凡之辈，那就承欢膝下；若是出类拔萃，那就让其展翅高飞。”

当然，有谁不期盼自己的孩子成为人之龙凤呢？但诚如孩子从来没有要求父母必须优秀一样，我们也应接受孩子的平庸——让孩子踏踏实实、快快乐乐地体味生命的滋味！何况，凭什么定义“优秀”就一定是分数高呢？

“金无足赤，人无完人。”家长如果能用欣赏的眼光、开放的心态去观察孩子，就会发现孩子身上的闪光点。当我们不断肯定、赞赏孩子在某方面的成长时，他们便会产生更大的兴趣和动力。同时，家长要善于引导孩子感受自身的成长和进步。一方面，引导他们将大目标分解为许多个能够实现的小目标，通过这一个个不难达成的小目标，点亮孩子人生未来的曙光；另一方面，引导他们在为梦想奋斗的同时，学会享受沿途的风景，在欣赏景致中产生兴趣，从而激扬追逐梦想的力量。

用耐心去等待

曾有这样一个寓言：一群青蛙想比一比谁能够最先爬上铁塔的顶端。开始时，它们奋勇争先。可是等爬到一半的时候，青蛙们打起了退堂鼓。望着遥不可及的塔顶，它们停下了。只有一只瘦小的青蛙没有停下来，一直在努力。那些停下来的青蛙，看着这样一个瘦小的同类，有的感叹，有的嘲讽，有的劝说，可是它始终不为所动，一直向上。虽然每一步都是那么缓慢，但是它最终赢得了比赛。当最后别的青蛙问它为什么能够爬上塔顶的时候，才发现它听不见声音。失聪的青蛙之所以能够爬上塔顶，就在于它听不到伙伴们的议论，心中只专注于目标，不言放弃，才最终登上了塔顶，一览众山小。

其实，我们人类也一样。要想获得成功，实现梦想，很多时候就需要将自己当成聋人，忽略别人所谓的忠告，忘记他人的刁难，排除干扰和噪音，认准既定目标，保持向前的姿态，从容坚定地走下去。那么，真正的成功就会到来，梦想之花就会绽放。家长应该让孩子懂得，付出的努力往往不会立即还你效果，成功常常需要自己耐心去等待。而且，学习生活中难免遇到各种困难和不快，要能勇敢地面对，坦然地接受。我们要能永葆心中的梦想，并把它坚持到底，这样生命才能有更多意义。或许，自己的梦想，会在你不经意间，盛装莅临！

（蒋建飞）

人生因梦想更精彩

两百多年前，曾有一位穷苦的牧羊人带着两个幼小的儿子以替别人放羊为生。

有一天，他们赶着羊来到一个山坡上，一群大雁鸣叫着从他们头顶飞过，并很快消失在远方。牧羊人的小儿子问父亲："大雁要往哪里飞？"牧羊人说："它们要去一个温暖的地方，在那里安家，度过寒冷的冬天。"大儿子眨着眼睛羡慕地说："要是我也能像大雁那样飞起来就好了。"小儿子也说："要是能做一只会飞的大雁该多好啊！"

牧羊人沉默了一会儿，然后坚定地对两个儿子说："只要你们想，你们也能飞起来。"

两个儿子兴奋极了，天真地张开双臂试了试，都没能飞起来，他们不禁用怀疑的眼神看着父亲。牧羊人说："让我飞给你们看。"于是他张开双臂，但也没能飞起来。

可是，牧羊人肯定地说："我因为年纪大了才飞不起来，你们还小，所以也飞不起来。但是只要不断努力，将来就一定能飞起来，飞到想去的地方！"

两个儿子牢牢记住了父亲的话，把"飞起来"作为自己的目标，并一直努力着，在哥哥36岁、弟弟32岁的那一年，他们历经挫折，终于飞起来了——因为他们发明了飞机，这两个人就是美国的莱特兄弟。

比尔·盖茨曾有一个人人皆知的梦想——将来在每一个家庭的每张桌子上都有一台个人电脑，而电脑中运行的则是自己开发的软件。

在这一伟大梦想的激励下，微软公司诞生了。比尔·盖茨在成为《福布斯》全球富翁榜首富后将几乎全部个人财产捐给了慈善基金会。

中国第一代核动力潜艇研制创始人之一，被誉为“中国核潜艇之父”的核潜艇研究设计专家——黄旭华，正是怀着“以身许国”的梦想，抛家舍业，隐姓埋名数十年，为中国核潜艇事业的发展作出了杰出贡献。

由上可见，梦想真是太重要了！

简单地说，梦想其实就是一个人生活中的努力方向和奋斗目标。它是生命自我提升式的期待，是生命更高形式的张扬。梦想可以驱使人们为了实现它忘我拼搏，它给了人们奋斗的动力。有梦想的人，即使面前有万顷巨浪也会勇往直前，铜墙铁壁都无法阻挡其前进的步伐。

梦想的可贵还在于，它不是非得有实现的结果，它给了个体更加自觉自愿地扩充人生价值、释放人生精彩的可能与过程。拥有了梦想，纵然最终没能实现，但是为了实现它挥汗如雨的努力过程，也让我们的人生变得无与伦比的充实与多彩。

相反，如果没有梦想，那么人生就没有方向、没有奋斗目标，内心就会空虚起来，容易陷入焦虑、迷惘、难过等负面情绪中，久而久之容易影响身心健康。

梦想，是引领我们走向成功的航灯，是激发我们生命潜能的动力，是保持我们身心健康的基石。所以，让我们勇敢地去梦想吧。

周恩来总理少年时代就嘹亮地喊出了“为中华之崛起而读书”，并为之奋斗一生，最终实现了自己的梦想，造福了全中国。

作为家长，为了让孩子获得一个美好而有意义的人生，我们有责任帮助孩子建立明确的梦想。

梦想的确立最重要的一点，首先是顺应孩子的禀赋，简单地说就是看看孩子擅长什么，然后朝这一方向发展，这样可以取得事半功倍的效果。这就需要我们用心地观察孩子，看看他对什么有兴趣，对什么学得快、做得好。

其次，我们应重视对孩子自尊心、自信心的保护。只有当孩子信心满满，觉得“我很棒、我能行”的时候，他才会有勇气去建立梦想。否则，他认为自己一无是处，什么都不行，那他就根本不可能愿意建立奋斗目标了。

再次，还有一点我们尤其不能忽略。那就是如果孩子已经有了自己的梦想，就算再不切实际也不能嘲笑打击，而应该积极地鼓励。这一点我很佩服莱特兄弟的父亲，固然莱特兄弟发明出飞机有很多原因，但是如果他们的父亲不是以欣赏、尊重、鼓励的态度，为两兄弟播下成功的种子，而是挖苦否定，那么莱特兄弟很难执着于对最初梦想的追求，进而发明出飞机来的。

最后，我们务必要让孩子明白，“千里之行，始于足下”“失败是成功之母”等道理，让他们知道成功需要脚踏实地的努力，需要跌倒了再爬起来的顽强。梦想只有在汗水甚至是泪水的浇灌之下，才能绽放出绚丽的成功之花。否则，梦想只是空想，是海市蜃楼，毫无意义。要引导他们把对梦想的向往认真落实到行动上，一步一步向梦想迈进。美国前总统威尔逊曾经说过：“我们因梦想而伟大，所有的成功者都是大梦想家：在冬夜的火堆旁，在阴天的雨雾中，梦想着未来。有些人让梦想悄然绝灭，有些人则细心培育、维护，直到它安然度过困境，迎来光明和希望，而光明和希望总是降临在那些真心相信梦想一定会成真的人身上。”让我们勇敢去梦想吧，人生因梦想将会更精彩。

（朱红昆）

追着梦想前进　花开一定有期

英国教师布罗迪有一次在整理阁楼上的旧物时，发现了一叠练习册。

它们是 25 年前，他的 51 位学生的作文，作文题目叫《未来我……》。布罗迪随便翻了几本，很快被孩子们千奇百怪的自我设计迷住了。有个学生因自己游泳的时候喝了很多水，但没被淹死，就梦想以后成为海军大臣；有个孩子因为能说出法国 25 个城市的名字，就梦想要成为法国总统；还有想当驯狗师的，有想当领航员的，甚至还有想做王妃的……总之，梦想五花八门，应有尽有。但最让人称奇的，是一个叫戴维的双目失明的学生，认为，将来他必定是英国的一个内阁大臣，因为，英国还没有一个盲人进入过内阁。

于是，布罗迪决定把这些本子重新发到学生们手中，让他们看看现在的自己是否实现了 25 年前的梦想。他在报纸上发了一则启事，学生们陆续回应了。一年后，布罗迪身边仅剩下一本练习册没人要，这就是戴维的本子。他想，也许戴维已经离开了这个世界。

就在他准备把最后的本子送到一家私人收藏馆时，布罗迪收到了内阁教育大臣布伦克特的一封信。信中说："那个叫戴维的孩子就是我，感激您还为我保留着儿时的梦想。不过，我已经不需要那个本子了，因为从那时起，我的梦想就一直在我的脑子里，我没有一天放弃过它。25 年过去了，可以说我已经实现了那个梦想。今天，我还想通过这封信告诉年轻的朋友们，只要不让年轻时的梦想随岁月飘逝，成功总有一天会出现在你的面前。”

这封信后来被发表在《太阳报》上，这位英国第一位盲人大臣用自己的行动证明：敢于梦想，才能实现梦想。

戴维·布伦克特，虽然先天失明，却成了教育及就业大臣，后来一跃又成内政大臣，还被称为是“世界上职位最高的盲人”。一个在常人眼中处于劣势群体的盲人，最终却贵为内阁大臣，也许，我们从他的成长历程中能找到答案。

布伦克特 1947 年出生在英国北部工业城市谢菲尔德的一个普通家庭，家境贫寒。布伦克特出生的时候，他的父亲已是 55 岁的人了，夫妇俩对这个迟来的孩子格外疼惜。然而，布伦克特却先天失明，他的失明是由父母的遗传引起的，发生的概率只有百万分之一，但布伦克特却中“奖”了。

失明对于布伦克特却并没有造成太多影响，童年时期的他和同龄的孩子一样，喜欢爬树、玩雪橇，哪怕因此而摔掉了牙齿。他还敢在公园里划船，父亲用喊声指挥他避免与别的船相撞。虽然是很危险的经历，但他后来说，“如果你想取得成功，就得敢冒险。”

布伦克特 4 岁的时候，开始上专门为盲童设立的寄宿学校，这也是他当时唯一的选择。这段经历使布伦克特产生了让残疾儿童融入社会大家庭，尽可能地接受主流教育的渴望，所以，他后来就任教育及就业大臣。

转入普通学校之后，他喜欢参加学校举办的舞会，因为看不见，他邀请的舞伴是个男孩。然而有一次，当布伦克特无意中听到一位母亲对她的孩子说“不要和这个瞎孩子在一起”后，他发誓要努力改变自己的命运。

为了养家糊口，布伦克特的父亲直到 67 岁还在工作，那年布伦克特 12 岁，一天父亲在工作中不慎落入沸水桶严重受伤，并在医院病床上苦苦挣扎一个月后去世。布伦克特的母亲当时哭得死去活来。孩子双目失明，丈夫又去世了，已经年迈的她不得不带着这个可怜的孩子度日。此后，母子俩靠面包和白水过日子。因为家里非常穷，甚至连为父亲买墓碑的钱都没有，直到他工作后，才为父亲立了墓碑。这些磨难没有打倒布伦克特，反而使他暗下决心，要做让母亲感到自豪的事情。

之后，布伦克特通过自己的努力考取了谢菲尔德大学，在他家周围方圆几英里的地方，他是第一个考上大学的人。到 22 岁时，他已经是谢菲尔德市议员了。

他曾经写过一本十分感人的自传《天晴的日子》。他在苦难中都充满信心，追逐梦想并努力实现梦想，获得了信任和尊重。

在我身边也有这样的例子，我有一位同事，夫妻俩都是纺织厂的工人，他们的孩子喜欢玩电脑，且执着，不仅仅从中获得乐趣，还肯钻研。家长也特别支持，孩子在大学时就把电脑玩到了新高度，毕业后，顺利入职深圳一家大型的科技公司，现在把父母都接去了大城市生活。

而与此相反，我还有一些同事，他们平时包办了孩子的一切，甚至孩子的目标都是大人年轻时未实现的梦想。结果，孩子按照家长梦想成长，最终长大后，因为所学非所爱，所学非所用，工作平平，儿时的乖孩子，长大后却活得疲惫而失落。

每一个孩子最初都是一张没有上色的白纸，孩子有许许多多的梦想，五彩缤纷。家长切不可为孩子设定目标理想，要知道，你为孩子定下的理想，那也许并不是孩子内心的理想，而是我们成人、我们家长没有能实现的理想，这样的理想无益于孩子的成长，因为这是我们家长强加给孩子的，不是孩子感兴趣的，孩子没有动力去追求和实现这个梦想，即便是被家长赶着鸭子上架，到头来也做不出多大的成就，唯有爱一行，才能干一行，干一行才能成一事。

纵观中国和世界各地的杰出人才，往往都是沿着自己感兴趣的方向去发展，才能真正出类拔萃。中华民族在新时代新征程中崛起，需要更多杰出的人才、更多有远大理想抱负的青年人，曾经的应试教育和“公考热”必定将改变，让梦想多元化，让职业多元化，让我们培养对各行各业都有着爱好与兴趣的人才，他们将来才能在各行各业做出更加杰出的成绩，推动社会更好地向前发展。

为孩子，更为社会的未来，父母给孩子的教育不应当是专制的，而应该是民主的，让孩子成长过程中感受到被支持，而不是被阻止。要让孩子敢于梦想，我们更要善待孩子各式各样梦想，客观遵从孩子的梦想，保护孩子的梦想，鼓励孩子向着梦想目标前进。家庭、学校和社会一起为孩子的梦想助力，为孩子梦想成长插上奋斗的翅膀，帮助孩子积极向前进，实现自己的梦想，这就是我们广大家长最应该做的事，也是家长对孩子和社会负责的正确做法。孩子也一定会能在这样的家庭教育氛围中敢于梦想，并追逐梦想，最终实现自己的梦想，父母则成为孩子成长道路上的真正的领路人，成为孩子的第一任，也是孩子人生最好的老师。

（仲启新）

家长要鼓励孩子大胆追梦

梦想在孩子的生命中非常重要，有了梦想他们才充满希望，有了梦想才可以使他们保持充沛的想象力和创造力。梦想是现实的动力和源泉。

作为家长，在孩子的成长过程中，我们要帮助孩子确立自己的梦想，敢于梦想，大胆梦想。

孩子们从小到大，对社会的认知不断加深，他们的梦想有的从最初坚持了下来，有的随着年龄的增长改变了原来的方向，有的甚至被忘记了，所以，作为家长要鼓励孩子大胆追梦，在困难的时候要能勇敢地坚持自己的梦想。

我们要主动和孩子一起谈谈他的梦想。孩子有时不会主动将梦想说出来，尤其是一些内向的孩子会将梦想藏在心里，有时一些举动会让家长很不理解。这时，父母要主动与孩子一起讨论他的梦想，了解孩子的真实想法，家长就会理解孩子平时的行为，知道孩子想做什么，为了什么去做。家长通过与孩子一起讨论梦想，还可以让孩子感觉到他在家庭中的地位是非常重要的，他的梦想就是家庭的梦想。讨论梦想时，家长可以发表自己的看法，与孩子各抒己见，这对孩子成长的引导，对孩子价值观、人生观的逐步确立与形成都具有非常重要的意义。

同时，我们对孩子的梦想要予以鼓励。家长们都望子成龙，望女成凤，但孩子的梦想可能与家长的意愿不一样，当孩子跟父母说起梦想，不管多么伟大，还是多么平凡，家长都应该给予热情的鼓励。面对普通的梦想，只要孩子喜欢，都要鼓励他朝着梦想好好努力，打好基础，就算将来没有干出非凡的成绩，人生依然会很精彩。面对孩子高远的梦想同样要鼓励，要坚持梦想，朝着自己的梦想不懈努力。家长不要一味从自身的角度出发，认为孩子的梦想不是太渺小，就是遥不可及，甚至对孩子说出离谱的话来，与孩子产生冲突，这样就非常不利于孩子坚持自己的梦想。只要孩子将来能以认真担当负责的态度做好工作，实现人生价值，就能够赢得社会的尊重，这才是最关键的。

我们对孩子的梦想要充满自信。我们往往会把孩子的梦想与现在的学习成绩联系起来，甚至用现在不理想的成绩来否定他的梦想。一位哲人曾说过："我们因梦想而伟大，所有的成功者都是大梦想家。"所以，孩子敢于梦想这本身就非常难能可贵，学习成绩只是单方面的，是一个暂时的状态，并不能完全决定孩子的将来，不能因为孩子成绩不好、悟性不高、表现不佳等原因，就对孩子没有信心，甚至否定孩子的梦想。

我们要助力孩子向梦想迈进。心中不但要有梦想，还要有实现梦想的计划和步骤。要实现自己的梦想，行动最重要，也就是要把梦想落实在行动中。家长可以和孩子一起订计划，一起检验计划完成情况，同时关注过程，让孩子感到家长和他一起在努力。前进的路上有家长相伴，孩子会增加无穷的信心与力量。这样做，孩子的行为也会得到更好的监督和鼓励，助力孩子一步一步朝着梦想迈进。

家长的态度影响着孩子是否敢于梦想。家庭教育中，有些孩子有远大的理想，也许会有些不靠谱；有些孩子的梦想有时又太普通，达不到父母的期待。面对这种情况，家长如果马上泼凉水，孩子就很难有大抱负、大作为。作为家长，要充分发挥梦想在孩子成长中的目标引领作用，教育孩子为实现梦想从今天就开始努力，从每一件事开始行动，让梦想成为孩子的成长动力。

有一个孩子升入初中后第一次上化学课，便对化学产生了浓厚的兴趣，她想长大后能够成为一名化学家。当她把自己的梦想告诉妈妈时，妈妈非但没有鼓励她，反而挖苦说："你还是现实点吧，哪有那么多的化学家，当个化学老师就不错了。"梦想被妈妈否定后，孩子对未来产生怀疑，对学习也没有了信心。化学测试成绩不理想，妈妈不是安慰鼓励，和她一起寻找原因，而是又一次打击她："成绩这么差还想当化学家啊！"孩子当化学家的梦想被彻底否定，对化学的兴趣已荡然无存。

而另一位孩子英语成绩一直不好，但他希望自己长大后能成为一名救死扶伤的医生，用自己所学知识为更多患者减轻痛苦，于是他非常关注医学方面知识。他的母亲告诉他："医生需要阅读很多英文著作，所以要当好一名医生，英语必须过关。"每当他在英语学习上遇到困难时，妈妈就以他的梦想来激励他不放弃，在梦想的推动下，孩子的英语成绩终于有了很大进步。

孩子的注意力与关注点不稳定，在学习、成长过程中也

会体现出来。前一个故事里的母亲打击孩子的梦想，扼杀了孩子的兴趣与“化学家梦”。第二个故事里的母亲找到了一个能够持久关注的点，以此来督促孩子不断地在成长道路上前进，这个关注点就是孩子的梦想，梦想是孩子最持久的动力。

让梦想成为孩子成长的动力还要用成功的体验强化孩子的梦想。孩子在追求梦想的过程中肯定会遇到各种问题，他们的意志力不够坚定，在挫折和困难面前容易退缩，放弃自己的梦想。父母要抓住一切可能的机会，用成功的体验来强化孩子对梦想的追求。如有个爱学英语的孩子，对英语有着浓厚的兴趣，她的梦想是将来成为优秀的翻译家。为此，她刻苦钻研语法，练习口语，为实现自己的梦想努力准备着。妈妈知道女儿喜欢英语，就利用周末带她去英语角，让她在那里和外国友人直接交流。孩子在与外国友人的交流中口语越来越好，对英语学习也越来越有信心，长大当翻译家的梦想也越来越强烈，成功的体验让孩子对未来充满信心。

梦想就像一粒种子，播撒在孩子心灵的土壤，我们希望，每个梦想都能在孩子的生命中开花结果。

（房元品）

第2章　家教论坛

教育孩子是家长最重要的事情

作为一名工作了近四十年的老教师，我很喜欢与同学们在一起，很喜欢与家长一起努力陪伴孩子成长。在几十年的工作中，有许许多多的家长对我大力支持热情鼓励，让我对工作充满了激情，就算有时候遇到一些不开心的问题，我还是会竭尽全力做好自己的工作。但也有一些家长对孩子教育的态度，让我深深担忧这些孩子的成长。在这里，我想说：家长，教育孩子是您最重要的事情。

有的家长会说，您是老师，我把孩子送到学校，就是希望您帮助我教育好孩子，教育孩子是您的任务，怎么会是我们家长最重要的工作？我很理解家长的心情，但我不得不说，很多时候孩子的差异是在家庭长期的教育中形成的，有些问题指望老师帮助不一定能够彻底改变，对有一些孩子来讲，那是一件很难的事情。为什么在同一个班级，同样的老师、同样的要求、同样的教法、同样的作业，而孩子的表现和成绩却差异那么大，那是为什么？这就是家庭教育的差异。

班级总有一些孩子隔三岔五地出一些问题，如上课说话、上课睡觉、抄作业、与同学老师发生矛盾。孩子的这些行为家长可能确实不知道，但孩子为什么经常有这些行为，值得家长深思。比如，谁都知道孩子玩手机肯定对孩子成长不好、对孩子学习不好，但一些孩子回到家就要玩手机，而家长却担心孩子闹情绪，不得不让孩子玩手机。我询问为什么，家长说，我没有办法啊！不给他玩，他就闹啊！有的孩子在家和家长闹情绪，而家长却不敢向老师反映这些问题，唯恐孩子知道后会生气。您想，这样指望孩子出类拔萃，怎么可能？我有时候和一些家长反映孩子的一些问题，家长却以孩子小、不懂事为由请老师原谅。我会问家长：孩子以后走上社会怎么办。孩子身上为什么会有这些现象？这就是家庭教育的问题。

有一些家长，总以自己工作忙、担心老师工作忙为由，很少到学校与老师主动交流。有的家长甚至以自己工作忙为由不来参加班级的家长会。我与家长建立了微信联系，但有的家长从来不谈孩子的教育问题。我请家长关注孩子的一些行为，有的家长根本不理睬。我不得不提醒这些孩子的家长，孩子的教育不重要吗？还有什么事情比教育孩子更重要？要知道，孩子的成长不仅靠学校，更要靠家长。家校的有效沟通，可以让孩子更好地成长。家长需要认真观察孩子、了解孩子、发现孩子的问题、帮助孩子成长。拿家长会来讲，不来参加家长会，就算有事后的交流，但那时再怎么交流，都不会有家长会上老师说得多、说得全。再说，家长连家长会都不参加，家长不积极参与教育，孩子怎么能教育好？

（周建洋）

陪伴，是父母给予孩子的最好礼物

现实生活中，有家长认为"陪伴"就是跟着孩子，孩子写作业时，家长就坐在旁边盯着；孩子上课外兴趣班时，家长就坐在外面等着；孩子去体育锻炼时，家长就在旁边保护着……

其实，这样的"陪伴"并不是真正意义上的陪伴。真正的"陪伴"，并不是物理距离的缩短，而是心灵上的陪同做伴。真正的陪伴孩子，就是要父母走近孩子，理解孩子的心，在孩子遇到不顺时给予适时、适量的帮助，从而引领孩子找到解决问题的方法，健康快乐地成长。

那么，对于家长来说，该如何陪伴自己的孩子呢？

笔者以为，家长首先要多给孩子"身教"，用"身教"影响孩子。

美国教育家斯特娜说："教育不应该在学校由教师开始，而应该在家庭里由母亲开始。"其实，家庭里父母亲的熏陶，对孩子的成长极为重要。父母亲的示范、榜样作用，对孩子起着潜移默化的影响。一个和谐、温馨、民主的家庭，必定会培养出有感恩之心、敢于承担责任的子女。父母亲孝敬老人，勤劳俭朴，勤勉工作，待人和善，做事有恒心毅力……这些美好的精神品质，都是孩子健康成长所必须具备的，孩子们在父母亲的身上找到了前进的方向，也汲取了前进的力量。

其次，父母亲要多关注孩子，多走进孩子的内心。

孩子的世界是一个真实的丰富的社会，他们看待事物的时候有他们自己的视角和想法，作为家长面对孩子所做的事情时，应该多询问、多倾听，少评论、少批评，这样，父母亲才能轻轻走进孩子的内心世界。

比如孩子与别的孩子发生冲突了，父母亲不要不问青红皂白就加以呵斥、训诫，而应该让孩子说清楚事情的原委，引导孩子说出他那样做的动机等等。然后，用孩子的心灵、用孩子的眼光、用孩子的情感去换位思考，教育孩子事后该如何去弥补。家长需要做的是先仔细倾听，然后冷静分析思考，最后才是指导孩子如何去认识这件事，如何弥补自己的过错。

最后，父母亲要多放手，多让孩子亲力亲为。

父母陪伴孩子，并不是父母包办孩子的事情，相反，父母要多给孩子时间，放手让孩子独自处理一些问题。只要是孩子能够自己做的事情，家长就不要代劳；孩子不能够独立做的事情，家长可以巧妙地帮一部分，留一部分让孩子自己去做。孩子在亲力亲为中，能够体味到劳动的艰辛，学到生活的技能，从而增进与父母亲的情感，拉近心与心的距离。

父母要大胆放手让孩子去做事，让孩子去实践，让孩子去品尝失败的滋味和成功的芬芳。陪伴孩子，多给孩子搭台，让孩子成为主角，从而让孩子明白自己肩上的责任以及自己要完成的使命！

陪伴孩子，说得简单点，就是孩子在父母的引领下，养成学习、生活等诸多方面的良好习惯，面对实际问题时，不依赖父母老师，不退让，不躲避，不敷衍，积极参与，勇于担责。

陪伴孩子，亲近孩子，信任孩子，放飞孩子，孩子才能茁壮成长。家长朋友们，要记住一句话——陪伴，是父母给予孩子的最好礼物！

（纪效成）

第3章　家国情怀

回忆新四军二师兵工厂

1941年7月18日的清晨，日寇集中了万余人，加上伪军共约2.5万人，分四路合击我苏北抗日根据地，妄图一举消灭我新四军军部及我军主力。当时，我在军部军工厂任政治指导员，在上级的指示下，我们全厂同志和家属都拿起了步枪和手榴弹开展了反“扫荡”的战斗。我军经过三十多个昼夜的浴血奋战，最后取得了反“扫荡”的巨大胜利。

在取得反“扫荡”胜利后不久，军部决定，军工部一部分干部和工人，跟随军工部副部长吴师孟同志，到二师的淮南抗日根据地去建立新的兵工厂。我们到达淮南新四军二师司令部时，受到了罗炳辉师长的热烈欢迎，并宣布成立二师军工部，吴师孟任部长，分配给我的任务是要从无到有地建立一个年产60万发子弹的步枪子弹工厂，还分配给我8名技术工人。

兵工厂开始是办在天高县金沟区平安乡小朱庄(现江苏省金湖县金南镇马塘村)北村一个姓徐的农民家的两间草房里，因而称之为“茅屋工厂”。当时由于日寇对抗日根据地的严密封锁，所以工厂里所需要的生产工具和各种机床是一样也没有。于是我们就发扬自力更生、艰苦奋斗的精神，从铁锤、锉刀到各种机床都是自己动手制造。不久,军工部又给我们送来了一部皮带车床,一部皮带钻床和一部牛头刨床。这样“茅屋工厂”就装不下了,遂把工厂搬到小朱庄北的仙墩庙里。征得了庙里日光和尚的同意,我们 9 个人就在大雄宝殿里把机床安装起来,从而建立了第一个机械加工车间。接着我们又在庙门外搭了个席棚,拿土砖垒了个打铁炉,支上风箱和铁砧建立了锻工车间,同时还建立了木型车间。所有铸造件,只要把木型送到手榴弹厂,同志们就会迅速地为我们铸造成功。至此,我们的军工厂已初步建成,但只是一个机械加工厂。我们要在这个基础上再制造生产子弹的机床。周骏鸣参谋长、吴师孟部长都常来指导,要我们迅速地制造出冲压子弹的大冲床。

有了钢材,我就开始了冲床的设计。根据当时的材料和生产条件,我设计的是螺旋冲床,螺旋杆上有 6 条方形螺纹,每条螺纹是 360 毫米为一圈。按常规加工就得使用铣床。我们没有铣床,只好让锉工用钢锉锉刻出螺纹。为了适应频繁反扫荡的需要,我们的冲床必须是积木式的,打起仗来把螺丝拧掉,一人拿一个部件就走,打完仗把机器拼起来拧紧螺丝就干活。我们没有发动机,要用人力推动机器。图纸画好后,我们就夜以继日地工作,相继制成了生产子弹和追击炮弹所需的工具和机床,同时司令部又派了 100 多个小伙子来厂当工人,区政府把派到工厂摇机床的工人组织好,保证机床日夜三班不停地旋转。

开工那天我们真像过节似的高兴,同志们特意穿上崭新的军装,铁钟一响,都拥进了大殿。我装上一发子弹壳胚,小伙子们推动那沉重的冲床杠杆,在冲床的巨大吼声中,第一发弹壳形成了。我拿着那黄澄澄的弹壳仔细观察着。大家都激动得说不出话来。于是工人们把机床摇得飞转,机器全部开动了,弹头冲床也发出隆隆的冲击声,一颗颗红色的弹头又被冲压成形。装配车间的女工同志们也忙着摇动手压冲床制造火帽,另一部分同志就忙着装填子弹火药,整个工厂里发出的响声,震撼了仙墩庙的上空。

1943年初,大雪纷飞,我踏着积雪,顶着寒风来到二师司令部接受新的任务。罗炳辉师长亲切地和我谈心,要我研究一种新武器,来狠狠地打击敌人。他说:“对待敌人就应该狠,狠到连他们的骨头都给敲碎,叫他们永远爬不起来。我们现在就需要有各种各样能敲碎敌人骨头的武器。”罗师长的话不多,我却从心底感到这话的分量。我向罗师长保证说:“我的一切都属于党,党叫干什么我就干什么。”罗师长笑了,他送我到门外,还嘱咐我:“要有信心,要顽强,回去跟大家商量商量吧!”

我接受了研究制造新武器的任务回到工厂,立即把能找到的书籍都找了出来。翻来翻去,在一本杂志上翻到一篇介绍枪榴弹的文章,总共只有二三百字,而且多半是空话,无非是讲枪榴弹如何厉害而已。唯一的收获是从这篇文章里知道了所谓枪榴弹,就是利用步枪发射一个小型的炮弹,至于它的构造只说是用钢片压制成的小炮弹。我收集了敌人的掷弹筒和各种迫击炮弹,不分昼夜地摆弄着、研究着。最后我决定把粗钢管锯断,制成枪榴弹筒,像装刺刀那样装在步枪口部,再用铸铁造成形状像迫击炮弹一样的炮弹,装进枪榴弹筒内,用没有装弹头的步枪子弹的火药产生的高压气体,把筒内的枪榴弹发射出去。想象是美好的,碰到具体问题时,困难就一个个地接踵而来了。第一个难题是:我们没有测试膛压的设备,得不到设计需要的数据,要靠计算得到数据。这就需要高深的数学知识。我只学过加减乘除、分数和体积，别的全不懂。只好做试验，先做个筒子，量好筒子的直径，打一枪，再量一量，看它膨胀了多少，不行，再改一改。射程的调节也是个难题，怎样叫它远近自如呢？我想用调节膛压大小的方法来控制枪榴弹的射程，可是应该使用一种什么样的机械结构呢？

夜晚，我在屋里翻书，想找到一点线索，熬到半夜，眼睛也睁不开了。睡吧，又睡不着，于是我拿着草图，跑到车间和大家商量。上夜班的同志，摇大轮的民工，看到我来了，都围了过来，探听新武器的消息。钳工老高，拿起我绘的草图仔细地端详着，他提议把枪榴筒的底座和底座柄分开，成为两个零件，这样就可节约材料，又方便加工，利于大量生产。在商量用什么样的机械装置来调节射程这个难题时，车工老李的眼睛紧紧地盯着车床，嘴里喃喃地说道："又快又慢……又近又远……"忽然他好像发现了什么秘密似的，指着车床上转换齿轮旋转方向的手柄说："厂长，为什么枪榴弹不可以照这个转换装置来设计呢？"车工老李的话，使我得到了启发，我的设计工作也进入了关键的阶段，整个心都被图纸占住了，吃饭睡觉似乎都成了多余的负担。当图纸交到车间以后，同志们都抢着干，半个月后，第一批枪榴弹和第一支枪榴筒造成了。为了使其漂亮些，还在枪榴筒上镀上一层蓝黑色的电光。我们开始了枪榴弹第一次实验射击。为了避免意外事故，我们在一个干水塘岸边，选中一棵大柳树，用绳子把步枪捆在树干上，枪口卡上了枪榴筒，筒口对着荒地，再把枪榴弹装进筒里，拉开枪栓，推进无头子弹，扳机上系上了一根小绳子。我蹲在干水塘里，一拉小绳，轰隆一声，枪榴弹射了出去，试验初步成功，在场的同志都非常激动，高兴地围拢在一起握手致意。第一次试验虽取得了一些经验,但它还不是完全成功的,枪榴弹飞行时的弹道不稳定,而且射程更没有达到要求。我对枪榴弹进行了改造,把原先设计的柱状型弹,改成了滴水型弹。经过射击试验,弹道是稳定了,可是射程总不过二百三四十米。究竟是什么原因影响射程呢?一天晚上我躺在床上苦苦思索:枪榴筒和枪榴弹都经过了试验,证明是没有问题了,剩下还有什么没有考虑到呢?这就只有发射火药了。我急忙披上衣服,把想法告诉了老马同志,一同到装配车间,把火药倒了出来放在研槽里研成碎末,使其燃烧更快些,充分发挥火药的作用力。我们两人连夜配好火药,装好几发子弹。

天亮以后,同志们听说又要试验,早早就来到试验场。我装好枪榴弹,推上子弹。左腿跪在地上朝荒地里打了一枪,只听一声枪响,枪榴弹无影无踪了。它飞到哪儿去了呢?同志们都昂起头向前张望,忽然听到远处传来了雷鸣般的爆炸声,大家都一起奔向爆炸点。经过测量,射程是540米,比原来增加了一倍还多。

试验成功后的第二天我带了两个同志,扛着枪榴筒,挑着枪榴弹到司令部去向领导汇报。参谋长看过枪榴筒和枪榴弹,招呼我们坐下,拿起电话筒,命令立即布置靶场进行试验。靶场上人山人海,师长、政委、参谋长都去了,我们一连打了十几发枪榴弹,每一发都射得远,炸得漂亮,得到了靶场上人们的一致称赞。

试验完了,罗炳辉师长拉住我的手,一起走进参谋长的办公室,参谋长问我:"一个月能生产多少?"

怎么回答呢?我们只有一部车床,每月要生产300发迫击炮弹,其他的机器只能造子弹。要生产枪榴弹,还得从头做起，制造工具和设备，建立枪榴弹车间。我觉得叫苦是没用的，于是我回答说：“多生产困难不少，但我们一定想办法克服。”

周骏鸣参谋长又拿起枪榴筒，提出许多重要改进意见。接着，我们在仙墩庙大殿上又新建立了车间，制造了几部生产枪榴弹的车床，正式开始了枪榴筒和枪榴弹的生产。

我们制造的枪榴弹，很快就出现在前方，发挥了重大作用。就这样从无到有，从小到大有了自己的兵工厂，壮大了我新四军武装力量。

（吴运铎）

吴运铎（1917 年 1 月 17 日—1991 年 5 月 2 日）是新四军兵工事业的创建者和新中国兵器工业的开拓者，被誉为“中国的保尔·柯察金”。苏联人民在莫斯科高尔基大街为他建立了“中国保尔纪念馆”。1991 年，吴运铎被评为全国自强模范；2009 年，吴运铎被评为 100 位为新中国成立做出突出贡献的英雄模范之一；2019 年 9 月 25 日，吴运铎获“最美奋斗者”个人称号。

第4章 学法崇德

未成年人使用网络社交平台交友应慎重

刚满11周岁的小红，因父母平时疏于管教，经常把大把的时间花在手游及各类社交软件上。有一次小红通过某网络社交平台软件认识了网友张某，小红见其头像较帅，在与其聊了几次以后约定线下见面。二人见面以后便发生了性关系，此后双方又多次见面。一年多后，小红怀孕并生下一子，张某则因犯强奸罪被法院依法判处有期徒刑六年。

女孩儿正值豆蔻年华，青春洋溢；男孩儿则情窦初开，懵懂无知。双方通过网络平台相识，因图一时的欢愉，而付出了两个人乃至两个家庭幸福的高昂代价。在该案的办理过程中，法官感到极其心痛。一方是11岁的小姑娘，本应该是无忧无虑的年纪，将主要精力放在学习上，现早早怀孕生子，其未来之路将会面临的困难可想而知；一方虽然是成年男子，但也不过才二十出头，家庭条件困难又系家中独子，因谈一场恋爱被判处六年有期徒刑，对于一个家庭来说无疑是一场巨大的灾难。法不容情，根据刑法的有关规定，与未满14周岁未成年人发生性关系，不论未成年人自愿与否，均应按照强奸罪论处。本案张某与小红多次发生性关系且致其怀孕生子，应加重处罚。

随着网络和各种移动通信设备的高度发展，信息传播的速度越来越快，各种社交平台如雨后春笋一般遍布在各种网络终端。其中大部分的社交平台的出发点只是为了争取更多的用户注册从而获取更大的利益，对用户注册和使用情况完全不加审核，甚至有的社交平台为了吸引用户，不断试探触碰法律底线，游走在法律边缘，从而诱发了大量的涉及未成年人的犯罪的发生。除此之外，近几年各类手游的出现，又增加了未成年人新的社交途径，且极不容易被家长发现，更给一些针对未成年人的犯罪创造了隐秘的契机。近年来，针对未成年人的性侵犯罪发生频率呈明显上升态势，这其中，部分不良网络社交平台便为这些针对未成年人的犯罪提供了土壤。

时代在不断发展变化，家长朋友们在平时对子女的教育也应该与时俱进。教育子女正确利用网络及移动通信设备，可以带给子女更多的便利和接触世界的更广阔渠道，反之则贻害无穷。

本文中案例可以带给我们以下三点启示：

一是未成年人利用网络平台交友应慎之又慎。上述案例中的小红因见对方头像很帅，遂在聊天以后便同意与之见面。双方见面以后，小红也产生过想要离开的念头，但是张某作为一名年过二十的成年男子，见面后一直用一只手牵着小红的胳膊，小红感到害怕而不敢提出想要离开的想法。后张某带着小红到宾馆开了一间房，小红又因看到张某身上有文身，未敢流露出反抗之意，双方第一次发生了性关系。第二天早上，小红离开宾馆后便准备不和张某联系，但张某又通过赠送礼物的方式让小红对其生出一些好感，故双方确定了恋爱关系并交往了一段时间。

由此可见，未成年人在生理和心理上都不成熟，认识能力和控制能力有限，自我保护能力有限，没有独立的经济来源等因素，决定了未成年人容易遭受侵害。未成年人在利用网络平台交友时，很难分辨网络另一端是何许人，有何不可告人的目的，且未成年人涉世不深容易被恐吓或欺骗，进而被陌生人操纵或侵害。未成年人，尤其是学生，应该树立崇高的道德理想，以学业为主，多和身边的同学尤其是优秀的同学交朋友，网络中不乏沼泽泥泞之地，不要因为其神秘而轻易涉足踏入。

二是家长朋友关心教育子女成长应事无巨细。上述案例中的小红正是因为家长平时疏于管教，才有机会将大把的时间花在手机和各类社交网络平台之上。其长时间使用父母或朋友的手机下载各类社交软件聊天交友，父母长时间都没有发觉并教育阻止。在小红与网友线下见面并发生了性关系，到怀孕的长达一年多时间里，父母一直没有发现异常，直到小孩子呱呱坠地。这不由地让人扼腕，可悲可叹可惜！

在网络高度发达的今天，如果想让子女完全隔离在电脑、手机之外肯定是不现实的。给未成年人子女设置使用电脑、手机的时间，或者设置“未成年人模式”等都是较为有效的控制手段。还可以通过添加子女作为自己微信和QQ好友等方式，及时关注到子女的学习生活动态，进而发现问题……当然控制不是目的，“堵不如疏”，应及时对孩子作出引导，以案说法，多讲明网络上存在的陷阱和利害关系。孩子或许不会将其遇到的所有事情都告诉家长，这就需要家长朋友学会读懂孩子的身体和表情语言来发现潜在问题，进而及时介入指导。通过培育子女健康向上的价值观，制定长远的未来规划，才能持久抵御使用手机交友带来的一时之快。

三是年轻人的恋爱交友观应积极健康正确。上述案例中的张某是家中独子，虽然没有小红想象的那般帅气无比，但是人高马大，白白净净，本也可以有一片属于自己的天地。只因为急于谈一场不该谈的恋爱，给自己带来长达六年的牢狱之灾。小红虽然声称自己年龄为十五六岁，但是从其面相来看，张某应该能够分辨其年龄尚小，及时终止和其谈恋爱，更不应该进一步发展，这与张某对相关法律规定是否知晓无关。

男女之间谈恋爱本是法律无权干涉的事情，但是成年人和不满14周岁的未成年人恋爱并发生性关系则触犯了法律的底线。未满14周岁的未成年人属于法律特别保护的对象，不仅是在我国，世界上绝大部分国家都对未成年人特别保护。年轻人应该树立健康积极正确的恋爱交友观，要通过自身不断努力，提高自身修养进而增加对异性的吸引力，而不是企图钻法律的空子，利用未成年人的各方面的弱势地位对其实施侵害。

未成年人利用网络平台交友应慎之又慎。网络社交平台就像一片黑暗的森林，未成年人很容易成为这片“黑暗森林”中被虎视眈眈的“猎物”。法律是道德的底线，虽然通过法律手段可以对侵害未成年人权益的犯罪分子进行惩罚，但是损害后果往往已经无法挽回。

（沙瑞新　陈　浩）

中华人民共和国未成年人保护法

第五十七条　旅馆、宾馆、酒店等住宿经营者接待未成年人入住，或者接待未成年人和成年人共同入住时，应当询问父母或者其他监护人的联系方式、入住人员的身份关系等有关情况；发现有违法犯罪嫌疑的，应当立即向公安机关报告，并及时联系未成年人的父母或者其他监护人。

一切为了下一代

——抚养关系变更，要尊重孩子意愿

改革开放以来，我国居民收入水平稳步增长，然而令人遗憾的是，随着人们生活水平越来越高，离婚率也越来越高，离婚越来越普遍，尤其对很多年轻人来说，离婚就像家常便饭一样简单，颠覆了人们的传统认知。然而，一旦有了孩子，离婚对于大人们来说可能是解脱，但对孩子而言更多的则是伤害。那么作为成年人的我们，在做任何选择时，是否可以稍微尊重下孩子的意愿呢？

2022 年初，淮安市淮阴区法院审理了一起变更抚养关系的案件。2020 年 6 月，原告徐某(女)与被告李某(男)经法院调解离婚，二人的未成年之子李小某，最终跟随了父亲，由李某抚养。可就在不久后，李某又重新组建家庭，也因此逐渐对李小某的日常生活和学习疏于关心与管教，李小某不仅成绩一落千丈，在学校里也变得沉默寡言，脾气也越来越暴躁。“我就觉得自己是个没人要的孩子。”李小某哭着说。李小某的母亲徐某得知孩子的情况后，便将孩子接到自己住处，和自己一起生活，对孩子越来越不舍的她，最终决定一纸诉状将李某诉至法院，请求法院判决变更李小某的抚养关系，由其直接抚养。

法院审理后认为，关于子女抚养问题，应当从有利于子女身心健康、保障子女的合法权益出发，结合父母双方的抚养能力和抚养条件等具体情况妥善解决。子女已满八周岁的，应当尊重其真实意愿。本案中，原、被告虽曾在法院主持下达成离婚协议，子女李小某由被告直接抚养，但在协议达成之后，李小某除了住校之外，基本上是在原告处生活。

审理中，法院首先向李小某征求了意见，李小某也表示愿意随原告徐某生活。最终，法院尊重了孩子的意愿，确定原、被告之子李小某变更由原告徐某直接抚养。对于抚养费，根据李小某的实际需要以及当地经济生活水平等因素，酌定由被告每月承担 900 元，直至李小某独立生活时为止。

父母离婚孩子有选择权吗？有！主审法官表示，按照《中华人民共和国民法典》第一千零八十四条第三款的规定："离婚后，不满两周岁的子女，以由母亲直接抚养为原则。已满两周岁的子女，父母双方对抚养问题协议不成的，由人民法院根据双方的具体情况，按照最有利于未成年子女的原则判决。"处理离婚后子女抚养归属问题的出发点，应以有利于子女身心健康、保障子女合法权益为基本原则，子女满八周岁还应充分听取孩子意见，在此前提下，再结合父母双方的抚养能力和抚养条件等具体情况妥善解决。

离婚也许是父母尊重自己感受的一种选择，但这个时候孩子的感受更应该得到尊重。"父母离婚后，孩子的习惯和日常生活被改变，如果这个时候疏于关心和引导，孩子往往会出现各种生理、心理方面的问题，比如会失眠、爱发脾气、内向不合群，甚至有的偏激一点的孩子，会走上歧途。"主审法官表示，离婚从来不是父母两个人的事，最好的选择还是和孩子一起谈谈，听听孩子的心里话。父母要清楚的是，离婚对于孩子来说，并不是一个禁忌的话题，让孩子做好足够的心理准备，总比直接宣判结果的伤害要轻得多，有时候你的一句"我们还会一直在你身旁"，可能会改变孩子的一生。

（三　石）

第5章　家教故事

针线包是传家宝

"小小针线包,革命传家宝……"7岁的女儿钟奕用音响放出这首歌曲被我留意时,正是2020年的暑假。那一刻,在饱含革命传统的歌声中,我仿佛回到了自己的小学时光。看着她一边听歌一边玩玩具,岁月静好。9月开学,我们早出晚归,奶奶来接送钟奕上小学。奶奶那一辈人勤俭节约惯了,有时会拿出针线包做些缝衣服的计件活儿,钟奕很好奇,耳濡目染。有幼儿园做手工的经历,钟奕很快学会了穿针和打简单的结,奶奶开心我也喜上心头。周末看到奶孙俩又坐在窗边"飞针走线",念头一转,何不就此带钟奕一起再学针线包的传统呢。

先从针线包入手。当天晚上,我上网搜索了很多精美多样的针线包图片,和钟奕一起欣赏,告诉她针线活不离手是古代女子的礼德,针线活也是中华家庭传统,心灵手巧这个成语就是对精于女红之人的欣赏与赞美。有些针线包还成了很珍贵的文物,比如雷锋用过的针线包就收藏在中国人民革命军事博物馆,因为当年雷锋为战友们缝过被子,还做过许许多多全心全意为人民服务的事情,用的就是这磨损的针线包,它象征着雷锋同志的宝贵精神,而后又延伸话题给她说了很多雷锋的故事，她觉得雷锋是非常棒的战士，听得十分认真。

再从针线包的儿歌展开教育。再放起这首"小小针线包，革命传家宝，当年红军爬雪山，用它补棉袄。"遥想在那个枪林弹雨的峥嵘岁月里，革命先辈浴血奋战，用自己的双手缝补衣衫被装、缝制马鞍粮袋。凭着顽强的艰苦奋斗精神，战胜种种困难，使我军逐渐成长壮大，由弱变强，阔步走向强军新征程。我对钟奕说，小小的针线包，我们可千万不能小瞧啊！"新三年，旧三年，缝缝补补又三年"，在物资匮乏的战争年代，很多开国将帅也都是自己给衣服打补丁，这是人民解放军流传下来的光荣传统，它成了那个时代艰苦奋斗的佳话。现在，小小的针线包，虽然我们用到的时候不多，但它所蕴含的艰苦朴素、勤劳节约精神却很多。它代表了一种良好的物质观念，比如小朋友不能嫌弃旧物，看到新产品就一味追求；它代表了一种昂扬健康的生活方式，比如小学生要保持乐观向上的精神，比比谁的知识多，谁的进步大，而不是攀比吃喝玩乐。钟奕连连点头，她说袜子破了，可以补一下，纽扣掉了，缝好又是新的了。

今天钟奕问我小时候有什么美好的事情，我就给她讲我的童年记忆。小时候的冬天，若是外面下起大雪，母亲便会坐在火炉旁纳起鞋底，那飞针走线的场景，深深地烙印在我的脑海里，温暖一生。"慈母手中线，游子身上衣。临行密密缝，意恐迟迟归。"这已经不光是鞋子、衣服的价值，还蕴含了伟大的母爱，也在无形中给我年幼心灵种下勤俭节约的种子。天下多少母亲都是这样辛勤劳作，为自己的儿女尽心尽责，她们缝缝补补，操劳一生，含辛茹苦把孩子拉扯大，真的很不容易。我说这些，女儿好像也懂得了很多，听完紧紧地搂着我。

生活即是教育，家庭是教育第一阵地。教育就是行而知之，作为家长，我们应该努力创造与孩子一起做的勤俭实践机会，只要孩子身体力行，就应该给予肯定。针线包，是传家宝。

在我家，针线包会从母亲的手里，传到我的手里，而我则会将这美好的优良传统继续延续下去。

（王　方）

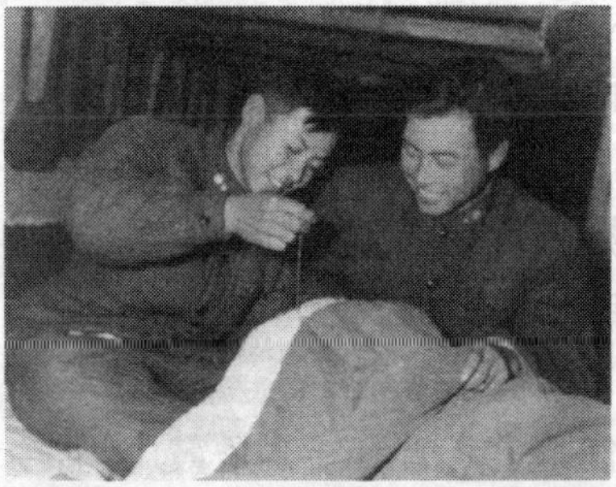

雷锋为战友缝被子

一次特殊的家庭“教育考试”

2022 年的国庆节放假七天,在大学读书的儿子说假期要回家,可放假的头天中午,儿子又微信视频说不回家了。我问他是不是跟同学旅游去,儿子摇摇头:“爸,您不是从小教育我要认真刻苦学习,长大后做一个对国家有用的人吗。现在国家很重视教育,扩大了研究生招生计划,我准备报考研究生,想利用这个假期好好学习……”

放下电话,我思绪万千。短短几年时间,儿子真的懂事了,知道学习知识的重要性了。从小时候的逃学厌学,没有上进心,到如今的好学上进,这不禁让我想起几年前对儿子的一次特殊“家庭教育考试”。

那是儿子刚上高中那年,一个礼拜六的早晨,天气晴朗,阳光明媚。早上六点刚过,我便把熟睡中的儿子从床上“拎”了起来。儿子疑惑地望着我:“爸爸,这么早叫我干啥去啊,好不容易放假睡个懒觉。”

“考试去。”我说。“考试? 爸,今天不是星期六吗? 考什么啊?”我说:“你不是老缠着要去丹霞山吗,今天我带你去那考试。”一路上,儿子不停地追问着我为什么要去丹霞山考试,考什么试,可我总是回答:“去了就知道啦!”

一个多小时后,我们来到了丹霞山脚下。我对儿子说:“现在开始,我们爬上去吧!”儿子惊讶地叫道:“啊? 上去? 还爬上去?”“对,怎么了?”“这,这,这么高啊,我长这么大可是第一次爬这么高的山呀,爸,我怕我爬不上去。”“哎呀,别管那么多了,世上无难事,只要肯登攀。苦不苦,想想红军两万五，累不累，想想革命老前辈，爬。”我信心十足地说。儿子被我的精神所感染，便与我一同开始爬山。

可还没到半山腰，儿子便已累得气喘吁吁了：“爸，我……我们今天就到这吧，我实在没力气了。”我看到儿子脸上的汗水，如断了线的珠子一滴一滴掉下来。“不行，做事怎么能半途而废呢？咱们接着爬，不到山顶非好汉。”在我的坚持下，我们继续向山顶爬。

两个多小时后，终于爬上了山顶，我和儿子都累得上气不接下气。“今天爬山，你从中知道了什么？”我问儿子。“我？我从中知道了不管做什么事不能半途而废，一定要脚踏实地，一步一步去完成，这样才能把事情做好，对吗？”“你说得对，这就是今天的思想教育考试，你通过了，成绩是优。”我边说边露出了欣慰的笑容。

“爸，您说的今天考试就是这个啊。”儿子望着我。我严肃地说道：“昨天晚上，我接到你们班主任老师打来的电话，说你在学习上没有毅力和韧劲，也不求上进，做什么都半途而废，叫我私下多重视对你的家庭教育，于是我今天安排了这场‘考试’。”“爸，我知道你的用心良苦了，这次的考试让我悟到了书中得不到的教育，它会像一座警钟时刻敲打着我，学习路上，不论遇到什么困难，一定要不畏艰难，永不言败。”儿子笑了，我也笑了。

（汪　志）

现场教安全　效果就是好

“五一”小长假时，孩子们回家。那天中午，爱人说用草锅炒菜。我烧火时，孙子过来说：“爷爷，给我烧好吗？”嘴里说着，手就去摸火叉了。孙子抓了一把草，还拿起火叉往锅膛里送。

我对孙子说：“火叉烧火时，只能拿末端，越往前端越热，会烫人的。”孙子懂事地说：“知道了！”

接着，我跟孙子讲平时活动要注意安全的事。我对孙子讲起他爸爸小时候的故事，我说：“你爸爸五六岁时，在门前空地上，模仿青蛙跳，结果不看前面，一直往前跳，不小心头撞在墙上，撞破了头皮，流了不少血，爷爷带他去医生那包扎。吃了不少苦！如果他当时眼看前方，注意安全，就不会撞破头了！”孙子聚精会神地听着我的叙述。

接着，我把自己前几年切瓜，不小心切破手指的事，也讲给孙子听，还把手指上疤痕给孙子看。我说现在想想，要是当时想到瓜会滚动，注意点，就不会切破手指头了。

我对孙子说：“你那脚踏车，一定要学会控制刹车，一定要注意前面道路有无障碍物，一定要慢慢行驶！”我让孙子说说，怎样骑行脚踏玩具车才能安全。孙子边说，我边肯定，边纠错。

我教育孩子，平时与奶奶去乘公交车时，到下车站点，一定要让奶奶先下车，然后让奶奶扶你下车。下车后，不要往车前或车后跑，那样驾驶员看不到的，要牵着奶奶的手，等公交车开走了，再行走。还有，在玩秋千时，两只手一定要抓着绳子，切不可以放手，那样不安全的。"有一次，你奶奶发的图片，我看你在荡秋千时，手没有抓着绳子，以后不可以哦。"孙子听了我的话，不好意思地说："记住爷爷的话，以后荡秋千，不会松手荡的！"

那次现场安全教育，孙子记住的安全内容不少。他奶奶曾对我说，一次她与孙子去菜场买菜，到交叉路口，孙子让奶奶慢点走，看看没有车子过来，才能过马路，还振振有词对他奶奶说："这是爷爷教我的。"

我想，对孩子进行安全教育，家长一定要多注意结合实境现场教育，多帮助孩子分析存在的安全隐患，教给孩子正确做法，教育效果一定会更好的。

（周祝君）

第 6 章　学前教育

鼓励和引导　养成儿子好习惯

没有小孩的时候，经常看到有父母、爷爷奶奶宠着小孩、惯着小孩，衣来伸手饭来张口，结果导致小孩人小脾气大。我心里想，要是自己有了小孩后我坚决不宠着、哄着小孩，要对小孩严格、要养成规矩。但是儿子今年已经五岁了，我才发现，要想把小孩子一步步地教育好，靠严、狠、打是不够的。

儿子上了幼儿园后，在幼儿园的时候老师要小朋友们自己吃饭，他表现很好，甚至平时不吃的蔬菜都吃了。但是在家由于我们的照顾和宠爱，总是要奶奶喂他吃饭，有时候还要我和妈妈喂他，如果不喂饭，他还有脾气，宁可饿着都不自己吃饭。刚开始的时候，打过他，他是一边哭着一边吃，也吃不了几口。既然暴力解决不了问题，那我就来软的，我就坐在他旁边让他自己吃，哪怕再慢，我都等他，但是效果不好，小孩子心思多，自己吃了几口就说吃饱了。

为了吃饭的事，我没少动脑筋，有时候说老师要看小朋友们在家自己吃饭的情况，我们要拍照片、录视频给老师看，他就自己乖乖地坐在那慢慢吃，但是还那样，吃几口就饱了，不用吃了。有时候看他奶奶又喂他吃饭，我憋不住，还会揍他一顿，让他一边哭一边吃饭。

我一直在思考，为什么儿子在学校愿意自己吃，而且吃完了还向老师表示要再吃第二碗，而在家非要人喂，是什么原因让他同样的事情做出两种不同的表现？后来我发现，去朋友家玩耍吃饭的时候，如果和小朋友一起吃饭，他也会自己吃，还与朋友比赛谁吃得快，谁吃得多，然后向我们大家要表扬。问他为什么愿意自己吃饭，他说因为他比别人厉害，原来不是不会做，而是要受到重视。同时也是隔辈亲的爷爷奶奶们、甚至是爸爸妈妈宠着小孩，让他有了偷懒的依靠，想要什么哭一哭，闹一闹，就能解决的时候，他就会“量人对汤”找依靠。

于是，我对症下药，采取两个方法来纠正他，一是平时一有时间我就在家陪他一起吃饭，把爷爷奶奶给支走，让他看不到能依靠的人，并鼓励他，如果自己吃完饭，吃得饱饱的就可以去朋友家玩耍或者连续多少天完成奖励一个玩具，总之就是给他树立一个目标，也可以让他自己提要求，通过努力就可以实现的目标，如果没有完成，就要延迟实现。第二个方法就是经常带着他去找小朋友一起玩耍吃饭，小朋友越多，一起吃饭的时候就有一种竞争的激烈氛围，大家相互鼓励“自己的事情自己做”，起到了事半功倍的效果。

有人会说吃饭的问题不是问题，等到他长大一点了就自然而然会自己吃饭了，但我觉得纠正小朋友吃饭的问题，也是在帮助其改变一个坏习惯，是在解决小朋友如何实现自我独立生活的问题。如今，他每天自主吃饭，通过引导，也养成了自主写作业、阅读、练琴的习惯。一个良好的习惯养成，可以给他的人生带来无尽的美好，作为父母，重要的在于不断进行鼓励和引导，与他共同成长。

（徐保林）

卷发风波

开学一段时间，瑞瑞的情绪时而高时而低，我仔细观察后发现，是他的卷发惹的祸。原来假期家人给他烫了头发，开学后所有看到他的人都会关心一下他的头发，经常有人问："头发是在哪里烫的？谁带你去的？你喜欢吗？……"有时走在校园里一些不熟悉或熟悉的家长会逗他说："你的头发是自然卷还是烫发？"一开始瑞瑞很有耐心地一一作答，并且每次在听到他人的称赞后，瑞瑞自己也觉得很开心。之后我注意到在回答完问题之后，经常有人用手去拨弄他的头发，刚开始瑞瑞并没有太大的反应，可是后来他特别反感别人"动手摸"他的头发。我与瑞瑞聊天知道了他的家长在带他去烫发之前，没有征求他的意见也没有和他商量，而是直接带他去了理发店，理发师叔叔带他洗头、剪头，剪完后理发师叔叔又用了许多的小棍子"绕"在他的头发上，等小棍子拿下后瑞瑞发现头发变卷了。瑞瑞虽然不喜欢烫发但是之后大家都说他烫发很帅气，所以他自己也认为烫发比较帅气。

瑞瑞不高兴的缘由是别人过度关注他的卷发，需要一次又一次地回答问题，而且大家在关注他卷发的同时还会用手去拨弄他的卷发，这个就让瑞瑞受不了了。我想这个卷发问题已经造成了瑞瑞的困扰，要赶快解决。当我看到瑞瑞在图书角看书的时候我赶忙加入了进去，拿着准备好的绘本邀请瑞瑞一起看《狮子烫头发》:“很久很久以前,狮子的头发是直直的。但是,有一只爱美的狮子不喜欢自己直直的头发。他请好朋友狐狸想办法,要把头发变得卷卷的。狐狸想出各种办法,用风吹呀,让雨淋呀,热心的小动物们也纷纷来帮忙……”听着听着瑞瑞笑出了声,我知道瑞瑞从心底开始接受了卷发,他还高兴地说:“我和狮子一样了。”

为了进一步缓解瑞瑞的困扰,我在班级召开了一次主题班会“我的发型”。班会分为三个步骤:第一步,说说发型。让孩子们先来说说生活中有哪些发型(直发、短发、长卷发、短卷发等);第二步:设计发型。给自己设计一款新发型,然后在一次性的浴帽上进行装饰;第三步:秀秀发型。每一位幼儿将自己设计好的发型进行“T 台走秀”。这三个环节的活动也受到了小朋友们的喜欢,他们在设计发型时都想有一个不一样的自己,所以当展示自己的发型时他们也希望自己的新发型得到大家的认可。而且过程中每一位孩子都了解了“人”是没有变化的,变化的只是发型。我们还将“设计发型”这个活动投放到了区域游戏中,每天“客人”也是络绎不绝,现在大家也不再为瑞瑞发型的改变而过度地关注他。瑞瑞的情绪也好了起来,每天都能够开开心心地上幼儿园,还告诉妈妈班级开展的“发型屋”就是受他卷发的启示。话语中透露出了满满的自信和小小的骄傲。

卷发风波结束了,我的体会是:关注幼儿的情绪是现在幼儿教师的必备能力之一。创设一个能使幼儿感受到关爱、接纳和支持的良好环境,用实际行动帮助孩子解决他的困扰,是老师也是家长的重要职责。

（纪效莲）

第 7 章　家庭生活

言传身教传递给孩子好的生活态度

女儿今年四年级了，成绩在班里排名中等。为此，我和老公两人都很着急。按照这样的成绩，要上好一点的学校有点玄。女儿各科成绩中，数学是一个短板。我和老公商量，就从短板抓起。

上进心很强的女儿知道我们俩要给她补数学，也很配合，布置的额外练习也能积极完成。本以为女儿可能是数学理解能力有问题，需要一步一步解释数学概念、隐含逻辑。然而，随着练习暴露出的问题增加，我们发现女儿更多的是粗心大意的毛病。一道数学应用题，解题思路和步骤都没问题，最后计算答案环节，却出现了问题。

这让我们意识到，女儿的问题可能与我们平时的教育有关系。因为是女孩子，我和老公两人并没有对女儿严格要求，导致她养成了虎头蛇尾的习惯。因为就一个孩子，平时玩具玩过之后，基本上是我们大人帮忙收拾；吃饭吃不完的情况下，也就随她去了，并没有提出更多的要求；担心她洗衣服不干净，也没怎么要求她自己的事情自己完成……如此种种生活小事，导致女儿养成了凡事只求“过得去”的习惯。

然而，随着年级的升高，竞争的激烈，“过得去”的标准显然是太低了。

一个周末散步时间，我与女儿探讨了一下这个问题。“为什么你的数学老是出现马马虎虎的问题?”女儿随口应付:“可能是遗传爸爸吧，他也是数学不好。”我郑重其事地和她讲，这个和遗传没有关系，是习惯问题。“你已经 10 岁了，爸爸妈妈不能再用小宝宝的标准要求你了。从今天开始，能做的事情自己做。不仅要做，还要老老实实地从头做到尾，不要让别人替你收拾烂摊子。”

毕竟已经是 10 岁的孩子了，女儿对我说的话还是能够理解的，没有撒娇，也没有抵触。虽然从表情中可以看出，她对于这个新标准有点畏难，但是嘴上还是说不会让爸爸妈妈失望的。

事实也是如此。一夜之间，女儿似乎长大了。自己的书桌开始自己收拾整理，自己的小件衣服也能自觉洗涤，不玩的小物件也开始有序收纳，俨然一个“小大人”了。

经过一段时间的调整，反映到学习方面，马虎的毛病也逐渐少了。看到女儿的变化，我们很是欣慰。作为家长，我们也开始注意自己的言行对女儿的影响，在女儿面前，尽量将事情做到完美，通过言传身教，传递一种精益求精的生活态度。当这种态度成为一种不自觉的习惯的时候，我想，学习成绩自然也就不会差到哪里去。想到这里，我顿感“父母”二字的责任和压力。

（任　洁）

假期别打扰了孩子的行为和作息！

宝宝刚满14个月，平常家人因为工作繁忙，都是育儿嫂带娃。恰逢国庆假期，决定带着宝宝在市内的亲子景点转转，一方面，为了拓宽一下宝宝的眼界；另一方面，乐享亲子时光，促进和宝宝的感情。

国庆七天里，我们给娃安排了五天的行程，算得上满满当当。宝宝的爷爷、奶奶、外公、外婆也欣然前往。假期过得很愉快，宝宝的成长也令全家人兴奋不已。假期过后，我们发现宝宝的一些行为和假期前有了不一样。

首先，睡觉时间推迟。假期前一般是12点前后睡午觉，22点前后睡晚觉。假期后宝宝哄睡的难度明显变大，通常是14点才睡午觉，23点睡晚觉。

其次，行为变得娇气。假期前摔了跤或者磕碰到哪里，自己哼唧两声便过去了。假期后再遇到类似的情况，不仅会哼唧好久，还会举着磕碰的地方示意爸爸妈妈，示意育儿嫂，要大家“吹吹疼疼”才会罢休。假期前爸爸妈妈下班回家后，都会和我们拍手打招呼。假期后我们下班回家后，宝宝总是带着一股子的哭腔撒娇。

再次就是，脾气大了起来。假期后，娃不正当的需求没得到满足，便会大哭大闹，向周围的人抗议，并会持续很久。

娃行为的变化引发了我们家长的反思，是哪里出了问题？分析发现，作为家长，我们理所当然地认为假期应该多陪孩子玩玩，多享受亲子时光，但假期打扰了孩子往常的作息和生活习惯，实则得不偿失。因为假期长时间地外出游玩，扰乱了宝宝的生物钟，造成了上述第一种情况的发生。此外，外出是全家倾巢出动、前呼后拥，给宝宝造成了情感上的过度依赖，脾气变得大了，也变得娇气了起来。

因此，假期中父母带娃出门游玩，行程别安排太满，作息上要能基本和平常保持一致。到点睡觉、睡醒喂食，要基本能按时吃饭、午休、玩耍等。出门准备好便携的小毯子，让宝宝能保证及时的休息，活动也不宜太多，避免宝宝过于兴奋。另外，即使家中很多人带孩子外出游玩，也尽量保持孩子独立的行为习惯，不要让娃产生过度依赖的情绪。

假期后，娃的作息经过一段时间的调整，回到了正轨。此外，我们及时满足宝宝正当的需求，宝宝就会停止发脾气。而有些事情不可以满足宝宝，比方说，要喝饮料、玩危险物品时，我们则是想办法转移宝宝的注意力。值得注意的是，不能任由娃哭闹，长时间大哭的宝宝更难哄，容易让宝宝感觉很伤心，没有安全感。

（金　冬）

第 8 章　灯下夜话

母爱，伴我成长

短短几年，皱纹悄然爬上了母亲的额头、眼角。有时，她的眼里还挂满了血丝。母亲这独特的“妆容”，在我心里，却是一份独特的“美”。

别人用伟大来形容母亲，而我用母亲来形容伟大！

“世上只有妈妈好，有妈的孩子像块宝……”每当听到这首歌，我总是朦朦胧胧地明白母爱的伟大，但并不明白全部。

我的母亲虽相貌平平，但淡淡的眉毛下那双炯炯有神的眼睛中，时刻闪现出对生活的热爱与向往。她微笑时，我的整个世界都会如沐春风。

初一时，我有些跟不上学习的节奏，心里时常想些别的东西。有时心绪很乱，免不了要发泄，而母亲总是在一边认真地听我唠叨，面带微笑。

慢慢地，受母亲的感化，我的情绪有所改变，终于能安心学习了。可每当考试前，我总有些紧张，整天张罗着复习各门学科，只盼有个好结果。

而与此同时，每天早晨起床，桌上都有可口的饭菜；晚上回到家里，迎面而来的是母亲亲切的问候。就这样，在母亲的陪伴下，日子像花朵静悄悄地绽放。

随着长大，许多事情也就渐渐明白了。十多年来，母亲用自己特有的方式，陪伴我、守护我。我知道，母爱历来如此，她的爱深深地浸透在对我的每一份思念、每一声叮咛，甚至每一道目光中。

"谁言寸草心，报得三春晖。"母亲用她最淳朴的爱，呵护我们，哺育我们，却从不计回报。在我的心间，母爱是不能用这世间的任何俗物来衡量的。

每每静处时，心底的五味瓶就会泛滥：忘不了一个个寒冬腊月中母亲嘘寒问暖的脸庞；忘不了感冒发烧时母亲寸步不离守候着自己的样子；忘不了多少个夜晚母亲为我温柔地盖好被子的脚步声……

（王天慧）

每个孩子心里都住着一只“小恐龙”

最近和朋友、同事一聊到孩子教育问题，提到最多的一个词就是“耐心”，可真当你面对孩子的时候，往往不是被气“疯”，就是失去了理智。我也承认在教育孩子方面，脾气不是很好，但有时候真的又控制不住。这次老师给了我一本书《家长必读》，我这才沉下心，看看书，捋了捋最近和孩子相处发生的每一件让我印象深刻的事，才发现自己离“称职”相去甚远，而在这些事情之中，最触动我的还是儿子画的那一幅“小恐龙”。

作为一个“80 后”的学生家长，不管是和同事还是朋友一起，聊得最多的就是孩子，而“兴趣班”也是我们每一次都绕不开的话题。我个人其实是很反对孩子滥报兴趣班的，因为在我们小时候，没上过兴趣班，在我看来这些班可有可无，可如今当你发现周围的孩子都在上着各种兴趣班的时候，无形中又有一双大手在推着你将孩子送到各个兴趣班里去。

儿子幼儿园中班就开始上围棋、美术、写字等等五六个兴趣班。其中只有美术是一直坚持至今的，因为他说他喜欢画画。这个美术班也很有意思，我自己学过美术，我学美术是从国画开始的，然后才开始学速写、素描、水彩，而儿子学的这个班却是从粘贴画、撕纸画开始的，上了一年、两年，孩子画画水平说实话一点也没有提高，这和我自己心里所想的“正统”美术有着很大的出入，所以数次都想把这个班给停掉，觉得是耽误时间，浪费钱，但无奈儿子非常喜欢。最终，每次都是不情愿地继续交钱，现在想想可能也是因为这种心理为后面的冲突埋下了“祸根”。

说回正题，这个事情其实就发生在儿子二年级刚开学那段时间。从二年级开学后，我欣喜地发现，画画班的老师终于不再“骗钱”了，竟然开始教儿子素描了。第一次课，孩子开心地拿回了两幅自己在课上画的画，一幅是稀稀疏疏画得并不是很满的“井”字线条，一幅是带着透视的正方体，虽然画得不怎么样，我心里是开心的，因为孩子终于学到“真正的美术”了。

而第二次课，我就崩溃了，这一次孩子从兴趣班出来，手里拿着的纸上画的居然是一只恐龙，我当时就问他：

“今天没练线条？”

“没练。”

“立体图形呢？”

“没画。”

回去的路上，儿子一直在欣赏着他的画，还嚷着要给妈妈看看，而我脑袋里则是嗡嗡作响。回家后，当我再看到那只恐龙，看到他上次课画的立体图形，火一下子就蹿了上来，这只恐龙被我狠狠扔到一边，儿子满脸的疑惑和委屈。

“画的什么东西，你是不是上课没认真听？以后这美术班不上了，上周画素描这周就变恐龙了，你是不是自己偷偷画的？”

妻子见我脾气上来，也没敢说什么。在我一顿训斥之后，儿子乖乖写作业去了，没有再敢提画画的事。

晚上儿子睡着了，妻子告诉我，她后来问过老师了。老师说，恐龙就是他让孩子们画的，今天没有让他们画立体图形，老师说孩子刚开始学素描，练习线条、画立体图形是很枯燥的，今天课上就是想让孩子们画一画他们喜爱的东西，不想让孩子因为学素描对画画失去兴趣，老婆说："老师还说，儿子画得很像。"说着她把儿子的画重新递给我，还给我看了老师发来的课堂上让他们照着画的恐龙照片，这时我才发现，如果抛开素描的角度，儿子画得还真不错。

第二天早上，再看到儿子，我心里还是有些愧疚，好在小家伙不记仇，我夸了夸他，说他画的恐龙很不错，他还开心地笑了："我就说嘛！"

"爸爸，美术班你还会让我上的吧。"

"上！只要你喜欢我们就上。"

现在再回想起这件事，我脑袋里会冒出几个词：先入为主、急功近利、不分青红皂白。其实归根结底，我还是自己太缺乏耐心，没有静下心听听孩子的想法。我也在想，给儿子报兴趣班是为了什么，难道真的就是为了他能学到东西吗？而如果没有妻子那个电话，没有第二天的对话，这件事会不会给儿子留下心理阴影呢？反省过后，我想说，每一个孩子应该是自由的，其实他们心里都住着一只"小恐龙"，每一个孩子的"小恐龙"都是独一无二的，它需要我们家长去发现、去引导、去鼓励、去呵护，它会和我们的宝贝们一起成长，最终，必将变成他们腾飞的翅膀。

（王　磊）

相信孩子　静待花开

有一种老师是没有持证上岗的，那就是孩子的启蒙老师——父母。每个孩子从呱呱坠地起，父母就理所当然地上岗了！无论你成功与否，从事什么职业，你都推卸不掉这个责任。父母的一言一行，对孩子的成长起到潜移默化的作用。对孩子的教育，伴随父母和孩子一辈子。

日子过得真快，转眼间闺女已经小学二年级了。这期间，我和她一起学习，一起进步。这其中有失败，也有汗水，甚至有泪水。但是不管闺女失败或者成功，我都会给她鼓励。我的成长经历告诉我，父母的鼓励是孩子力量的源泉。

记得刚放暑假时，女儿让我给她买《米××上学记》的书。我上网查看《米××上学记》，一看一套书有28册，我心想她能看得了那么多书吗？我问她："准备多久把这些书看完？"她告诉我："我在暑假就能把《米××上学记》全都看完。"我说："有28本书呢！你确定暑假能看完？"她气呼呼地说："妈妈你不相信我，你是不是小看我？"我赶紧回答说："不是的，妈妈相信你！"我心里其实想说的是，知不知道一天能阅读多少内容哦，知道读完28本需要多少时间嘛。

我当天就询问开书店的朋友店里有没有正版全套《米××上学记》的书，朋友说有，于是当天就下单了。隔了两天，书到了楼下菜鸟驿站。闺女很兴奋，喊我和她一起快点去拿快递，拿到快递到家就赶紧拆开来了。拆开后她拿起了《米××上学记》一年级第一本读了起来。读书时，我们都很安静，谁也不打扰谁，后来听到闺女"哈哈哈哈哈"大笑，说："米

××真好玩，太搞笑了！”当天读了大约 40 分钟，闺女读了 68 页，我当时都惊呆了，平时我们也有要求读书半小时，她也就读差不多 20 页到 25 页。我这时还是不相信她在暑假能读完 28 本书，感觉就是刚拿到书一时兴起多读一点罢了。等到第二天，她早早就起床到书房拿起书又开始读了。中午也没有午睡，在读书。下午做完计划的暑假作业，又跑到书房读书了。这一天都沉浸在书海中，我看到这样的情景，还蛮开心的，但是依然不相信她能在暑假把 28 本书都读完。

我没有空关注她读了多少，但是她会跑到我面前分享她读到的有趣的地方，我会和她一起欢乐一起笑。接着第二天、第三天她都在完成当天的暑假作业后读书。开始一本读完了，然后第二本读完了，接着第三本读完了，直到《米××上学记》一年级 4 册都读完了，我才开始关注她读书的进度：4 本书读完用了一个星期的时间。这时候我开始相信她真能在暑假把 28 本书读完了。

时间飞速地转呀转，在暑假倒计时的最后三天，她告诉我，她已经读完了《米××上学记》全套书。我很开心，同时也在检讨自己，为什么当时就不相信她能做到，也告诫自己，时刻坚信自己的孩子能行，要肯定她，不要每一件事都先否定她，要给她机会尝试她想做的事情，在她做一件事情的过程中要不断地鼓励她，表扬她。这件事情她做到了，为了表扬她，我决定再买一些书送给她，她也很开心，和我一起在网上选书，最终选了她喜欢的《唐朝上学记》《三毛》系列和她最爱的贴纸书。

教育孩子，是终生的课程。我们要不断地和孩子一起学习，并且多读一些教育类书籍，不断充实和提高自己教育水平。愿自己在孩子的成长过程中和孩子共同成长！

相信孩子，静待花开！

（蒋　婷）

第9章　家教文萃

放弃很容易，但坚持很酷

近来，程先生很是愁闷：儿子7岁了，刚上小学一年级，做什么事情都没有毅力，遇到难一点的题目，就叫嚷着太难了，不会做，不愿意思考；和同学参加爬树比赛，爬到一半就觉得害怕放弃了，同岁的女同学都比他爬得高；看到别人玩直排轮的溜冰鞋，嚷着要学，搞齐了装备，摔了一跤，就再也不学了……遇到事情，只要有一点困难，就不再坚持下去，跟他讲了很多道理，他就是不听，说多了，他就哭。

"坚持到底就是胜利"，这是一个亘古不变的真理。古往今来，凡成大事者，莫不都是在失意的时候能够坚持到底，才迎来成功的那一天。失败并不可怕，可怕的是失败之后失去了继续战斗的勇气。

"孩子怎么会这样？"程先生对此很发愁，长此以往，孩子别说成事，成人都很难。这也是如今许多父母面对的共同难题：现在家庭生活条件好了，孩子很少吃苦，心浮气躁，做事缺乏毅力，不能持久，常常半途而废。

程先生找到从事心理咨询工作的朋友吴女士，向其寻求帮助。经过观察，吴女士认为，程先生的儿子的行为从心理学角度来讲，是意志薄弱的表现。这是当前孩子普遍存在的一个问题，表现在做事不能善始善终，缺乏毅力，面对困难依赖成人帮助，独立性差。吴女士分析，孩子缺乏毅力与其生理、心理发育有关，也与家长的教育思想和方法有关。如果家长教育得当，孩子养成做事持之以恒的好习惯并非难事。

吴女士建议，可以通过给孩子讲生活中发生的事件，父母的经验以及故事等，让孩子懂得生活中随时可能遇到挫折，只有通过克服困难，能力才会越来越强。首先，要帮助孩子正确认识"挫折"。其次，可以用不畏艰辛取得成功的故事来熏陶孩子。最后，还可以经常有意识地给孩子讲一些古今中外的名人故事，讲述这些伟人如何吃苦耐劳、坚持不懈，最终取得了成功。这样，孩子会自然而然地向故事中的榜样学习，让自己变得坚韧不拔。

在日常生活中，家长和孩子可以一起制定目标，向着目标努力的过程也是培养孩子意志力的过程。这其中又分为短期和长期的目标，引导孩子为实现目标而努力，从而激发其坚毅、顽强的意志和战胜困难的勇气。在制定目标的过程中要注意布置任务的难度要适当。任务太多太难，不但起不了效果，反而会令孩子望而生畏，产生对抗情绪。对于一些难度较大的任务，可以分解成一个个小目标，完成一个小目标，家长就给予一点鼓励，有助于孩子坚持下去。

在实践中及时得到他人的认同，体验到成功的快乐，孩子就会树立起自信心，不会轻言放弃。现在的孩子依赖性强，其实与家长大包大揽有直接关系。比如孩子做手工，家长觉得做得不好看，直接就代替孩子做，长此以往，孩子一遇到做手工的任务，就在一旁等着家长做，自己的动手能力不但没有提高，而且养成了依赖性。如果父母鼓励孩子自己动手，对一些细节加以指导，孩子就容易坚持下去。孩子一旦完成了一件手工作品，体会到成功的快乐，便愿意多坚持，多尝试了。可以给孩子设立一个“坚持不懈奖”。一旦孩子做事有始有终，就给予一定的奖励。长此以往，就可以改正孩子半途而废的坏毛病。不过，奖励要适度才好。

在生活中，影响孩子养成坚持的好习惯的一个重要因素就是家长做事的态度。家长如果做什么事情都不轻言放弃，那么这种精神就会传递给自己的孩子。孩子会从家长的一言一行中感受这种精神，会更容易形成努力坚持的好品质。相反，一个没有毅力的家长是很难培养出有恒心的孩子的。

培养孩子养成不放弃的品质，需要家长的鼓励和支持，在孩子遭到挫折之后，要多和孩子说“放弃很容易，但坚持很酷”，让孩子把坚持当作一种必须的过程，那么孩子在遇到失败之后，就能首先想到坚持而不是放弃。

人与人之间是有差距的，真正让人拉开差距的就是不经意间的积累。要让孩子明白，坚持是一种高贵的品质，只有把每一件小事情做好，积少成多，坚持到最后，才能走在别人前面。而家长则需要在生活中时常进行灌输，让孩子牢记，任何事情都不要轻易放弃，才能有助于坚持品质的养成。

（杨丹丹）

把孩子的话当话，用心倾听

我曾经是个非常固执的人，什么事情认定了就一直走下去，什么问题觉得自己是对的，就会固执己见，绝不更改。最近几年，随着孩子逐渐长大，我的一意孤行也遇到了来自她的巨大的挑战。为了解决我们之间的矛盾和冲突，更为了能够更好地陪伴孩子成长，我参加了一系列有关“亲子沟通”“父母效能”“亲密之旅”“正面管教”等多方面的课程。在不断学习的过程中，我发现当我能安静下来，放空自己，真正做到用心去听别人说话，听听别人的想法是什么，别人是如何思考的，别人是如何解决问题的时候，我发现原来一样的问题，或者表面上看上去是一样的问题，实际上每个人专注的点，思考的方向，以及解决问题的方法都是不一样的，所以在我与孩子的沟通过程中，给到我最多帮助的就是“把孩子的话当话，用心倾听！”

记得在刚开学的时候，孩子学校的老师为了督促学生的学习，布置给家长每天一项任务，就是晚上用手机把孩子当天完成的家庭作业拍成图片，上传到班级微信群里。刚开始，不知道为什么，每次我去拍的时候，孩子都非常抵触，她会很不耐烦地说：“在学校都做过了，老师也都批改了，还有什么好拍的。”当孩子这样反馈几次之后，我认认真真地思考起来，老师布置这项作业，孩子不愿意去配合，一定有她认为很重要的原因，或者说一定有一个理由让她不想去这样做。所以，我寻找到恰当的机会，诚恳地和孩子坐下来进行交流，没有指责、抱怨，而是表示非常理解、非常信任，相信她一定有一个属于自己的合适的理由。

我："妈妈非常相信你，一定有一个对你来说特别重要的原因让你不想这样做。我也非常好奇，特别希望能听听你的想法，你愿意跟我说说到底是一个什么样的原因吗？"

孩："感觉被人监督，让人感觉特别不舒服……"

我："哦，你特别看重自主学习，特别反感被人盯着做事的感觉，是吗？还有其他原因吗？"

孩："浪费时间……"

我："那你觉得不上传作业对你的帮助是什么？"

孩："心情好，学起来舒服，作业做得也就快了啊。"

我："那你觉得老师布置这项作业的目的是什么呢？"

孩："让学生好好学习、复习，取得好成绩呗。"

当我认可她的想法、赞同她是个爱思考的人的时候，她很开心，我接着进一步启发她思考。

我："我想请你帮我一起想个办法，既满足你的需要又能帮助我完成老师的要求，可以吗？"

孩："你可以一周拍一次，或者你跟老师沟通，或者……"

我及时肯定她爱思考，有办法，并感谢她帮了我大忙的时候，孩子显然非常高兴，也觉得自己很善于思考、很有能力并表示会为自己的决定负责，还主动邀请我检查作业。我在确定孩子的这些做法会取得和老师的要求效果同样的时候，我和老师进行了交流，并请老师放心，我会做好督促工作。学校当然也有定期的测试，老师通过这样一个阶段、一个阶段的测试，也看到了这个孩子到底有没有认真学习，双方的目的也都达到了，大家也都无所谓是不是天天拍照传作业了。

因此，在日常的生活中，当我们与孩子发生冲突的时候，我们不能仅凭自己的想法去处理问题，我们的想法我们认为是对的，孩子想的也不一定就是错的，我们认为事情就应该是这样完成的，实际上还真不一定就必须要按我们想的那样去完成，或者说孩子可能有其他的原因，有其他的解决方案。所以，在与孩子发生冲突时，我们要保持冷静，先去关注孩子本身，去尊重、理解孩子并且倾听孩子的心声，走进孩子的内心世界，而不是仅仅关注孩子的表面行为去认定孩子是错误的，必须要改正的。

在了解了孩子的真正想法之后，接下来我们要做的就是把孩子可能没有看到的策略部分，用启发式提问的方式呈现给孩子，根据孩子提供的信息，顺藤摸瓜，进行引导，让孩子自己找出解决问题的方法，从而增强孩子解决问题的能力，提高孩子的自信心，这也是我们培养孩子的长期目标。

在孩子愿意或者不愿意完成某项事情的时候，背后一定有他自己的原因、自己的想法和目的，只有我们用心倾听孩子的心声，搞明白事情背后真正的目的和需求的时候，我们才能找出真正的根源，然后对"症"下药，加以引导，孩子也才会更愿意配合，更愿意朝着我们期待的方向去努力。否则，我们越努力，孩子越受伤，我们越努力，事情也只能越向我们期待的相反方向越走越远，我们也会越感到挫败，最终导致"问题孩子"和"抓狂家长"。所以，教育孩子要学会倾听，把孩子的话当话，用心破译孩子话语中的"密码"，与孩子搞好关系，才能与孩子共同成长，共同进步，给到孩子最好的陪伴。

（华和梅）

第 10 章　忘年文苑

读书,是最美的姿态

在睡梦中,忽然被一阵汽车的轰鸣声吵醒。起床后,已快到十二点了。打开门,发现原来是一家搬运公司正在帮一家拆迁的酒店搬运用具到对面的仓库里暂存。

天气非常热,六七个搬运工热得浑身衣服都湿透了,就像刚淋过雨似的。每卸完一车用具,他们便坐到我门口的台阶上乘凉。见我开门,他们便不好意思地起身走开。其中有一位工人,原本在津津有味地看报纸,随大家起身后又在旁边的石阶上铺张报纸,坐那里继续看。

我洗漱完毕,蹲在门槛上和他们闲聊了起来。他们见我刚刚洗漱,便问我说:“小伙子,你怎么这么晚才起床呢?”没等我回答,另外一位工人便接茬道:“人家是干脑力工作的。像他们这些有文化的人,一般都是晚上工作白天睡觉。”见我们在聊天,那位看报纸的工人也凑过来闲扯。他们倚在我的门槛上往屋里看了看。那位看报纸的工人说:“哇,小伙子你怎么这么多书呀,还有手提电脑呢!”另外一位工人接过他的话,调侃道:“没这些,人家吃啥喝啥?他们文化人不就靠这些赚钱谋生吗?你以为他们和咱们一样在大太阳底下卖苦力呀?”看报纸的工人道:“那倒也是。”

我见他们没地方坐，便把家里的凳子一张一张地搬出来给他们坐。他们非常感激，纷纷连声道谢。

坐下来，我们几个接着侃。我问那个看报纸的工人："见你看报看得那么认真，想必你以前应该读过不少书吧？"

他说："我从小就很喜欢看书，那时的成绩也不错。"

"那你为啥没读出个名堂来呢？"我问他。

"我从小学一个劲儿念到高中，初中时还得过县里举办的数学竞赛一等奖。1997 年参加高考，考上了北京的一所师范大学。可家里没钱，供不起。我上高中的钱都是我哥供的，可 1996 年底我哥出事了，这就是命呀！"他停顿片刻，双眼忧郁地看着远方，叹口气道："哎，也许咱命中注定就是干苦力的！看着我那些同学当官的当官，当老板的当老板，真是无地自容！"说完，他面带痛苦的表情若有所思地抽起了手中的旱烟。

抽了一会儿烟，他既像倾诉又像自言自语地说："虽然我没机会上大学，但我一直没有放弃学习，每天一有空我就要读书看报。因为我喜欢，这和我的命运无关。"他这话让我感到非常震惊，甚至难以置信这是从一位民工嘴里说出的话。我似乎感觉自己在聆听一位哲学家思考人生与命运的课题。

是的，阅读与命运无关。

此时，我不禁想起了被复旦大学破格录取为博士研究生的三轮车夫蔡伟。他是恢复高考以来教育部特批的第一个以高中学历报考博士的人。

蔡伟高中毕业于锦州实验中学，语文成绩出类拔萃，尤其对中国古文字有浓厚的兴趣和精深的研究。但他偏科很严重，数学、英语成绩很糟糕，最终导致高考落榜。

落榜后的蔡伟曾在很长一段时间里以摆小摊为生。他一边摆摊，一边看书钻研古文。后来因为妻子生病无钱医治，为挣更多的钱，他不得不开始改蹬三轮车。蹬三轮比摆摊强，但看书的时间却越来越少。处于困惑之中的蔡伟，冒昧地给北大一位年轻学者董珊写了封信，倾诉自己的苦恼。未曾想，董珊把这事告诉了自己的老师——复旦大学出土文献与古文字研究中心主任刘钊教授。恰好，当时复旦大学和中华书局、湖南省博物馆正在联合编纂《长沙马王堆汉墓简帛集成》一书。于是，研究中心的教授们决定聘请蔡伟为临时研究员。

在被临时聘用期间，蔡伟凭借扎实的古文献研究功底和刻苦钻研的精神，深得教授们的赏识。求才若渴的教授们，为了让他有机会接受更高层次的专业教育，希望能吸纳他为博士研究生。但由于他只有高中学历，而按照现有的规定，报考博士必须首先具有硕士学位或同等学历。为此，裘锡圭联名北京大学李家浩教授、韶关学院徐宝贵教授上书教育部，请求特批蔡伟报考博士的资格。之后如愿以偿得到了同意的批复。由此，身为三轮车夫的蔡伟，才有幸被破格录取为我国一流高等学府复旦大学的博士生。

人生变化无常，贫穷和困境也许会在人生中的某个阶段剥夺我们受教育的权利，但是永远无法剥夺我们学习和阅读的机会。如同贫穷可以剥夺我们众多的物质和精神享受，但永远无法剥夺我们沐浴阳光的权利。在书本、知识、文化面前一定是人人平等。

只要你愿意，只要你渴望，不管你是贫穷还是富裕，是高贵还是卑微，都可以像沐浴阳光一样，平等地享受文化的滋养。甚至可以这么说，对待知识、文化，人们可以像对待空气一样随心所欲。

这位搬运工人虽没有蔡伟那么幸运，但他有着一颗和蔡伟一样不甘平庸的心。他们都是挣扎在社会最底层的平头百姓。面临困境，他们都没有气馁，也没有自暴自弃，而是始终坚持阅读，保持一颗高贵的心。

我认为，在艰辛困苦环境下始终保持阅读姿态的人，即使终生没有获得自己想要的成功，至少也可以让自己的人生过得更优雅。因为，始终带着理想优雅地活着，其本身也是一种成功。读书，就是为了抗拒自己的灵魂在世俗中，日渐沉沦。

（杨黎明）

我家的笆斗

“田家少闲月，五月人倍忙。夜来南风起，小麦覆陇黄……”每当读到这首诗，我就会想起农忙时候热火朝天的场景。实行“大包干”后，我家承包了五亩地。收种、施肥、打药、除草等等农活靠的全是自家人。记得麦子脱粒后，晒上三四天太阳后，父亲会抓起一把，再捏一两粒，放在嘴里一嗑，咯嘣一声，麦粒就算晒好了，该起场归仓了。这时候，刚从古镇上买来的笆斗就派上用场了。姐姐和我用木锨将麦粒装满笆斗，大概有七十斤左右。只见父亲双手分开抓住斗边，气沉丹田，一使劲，将笆斗扛上了肩头，嘴里哼着欢快的小调，便向家里粮囤走去。看着父亲高兴的样子，我们就知道今年麦子大丰收了。

在父亲汗流浃背坐下歇息的时候，我又仔细看着这只崭新的笆斗。它呈半圆柱形，用剥了皮的白杞柳编成，圆圆的上口用一束细竹条加固收口，再用等距离的牛筋条绑扎一周，使其牢固，真的既漂亮又耐用。买到它，父亲也是非常喜欢，拿起毛笔在笆斗侧面上写了“彭城堂”三个字，在白杞柳的底子衬托下格外醒目，引人注目。写完后，父亲认真地告诉我，我们这支刘姓，从淮阴刘皮古寨逃荒过来，堂号是“彭城堂”。据说，有一次淮阴老家一位骑白马的人，找到了我们这儿的老祖上让回去。老祖上说“哪儿黄土不埋人”，骑白马的人流着眼泪就回去了。望着远去的白马，老祖上也是泪流满面。老祖上一家在此扎了根，开枝散叶，繁衍后代，靠的是勤勤恳恳做事，本本分分做人。

小时候，我家有六口人，父亲在离家八十里的外地工作。母亲带着我们姐弟四个在家，生活非常艰难。母亲一个人既要参加队里集体劳动，又要照顾四个小孩。比起劳力多的人家，她虽然天天起早贪黑地干，可挣到的工分还是很少。年底，生产队算账时，用父亲微薄的工资抵掉一些计分后，我们家的工分还是透支，只能滚到下一年。领口粮时，母亲和我去排队，只听有人大声地说："透支户站到最后边。"我们仿佛比别人矮了半截，只得排在队伍后面。那一刻，母亲双眼是湿润的，我一辈子也忘不掉……

伴着改革开放好政策步步落实，在父亲和母亲的辛勤带领下，我们家的生活是芝麻开花节节高，不到几年，先后盖了九间大瓦房，买了一台缝纫机，添了一台黑白电视机，装了一部电话……我和弟弟相继从父亲的手中接过了笆斗，扛在了自己肩上，扛起了顶门立户的家庭责任。

现在农业机械现代化了，笆斗基本退出了农忙战场。每次回到老家，我都会深情凝视这只失去光泽变成褐色的笆斗，"彭城堂"三个黑字已经模糊，但父亲写字的情景却异常清晰，这三个字已深深地铭刻在我的心里，时时刻刻提醒我：勤勤恳恳做事，老老实实做人！

（刘继武）

青灯有味似儿时

夜凉，最惬意之事莫过于有书可读，记得年少时，精力充沛，一卷书、一盏灯，不知不觉东方欲晓。陆游在《秋夜读书每以二鼓尽为节》中所写的“白发无情侵老境，青灯有味似儿时”蛮贴合当时的心境。

关于“青灯”一词，仿佛只有在书上才能看到，彼时年纪尚小，唯有《红楼梦》里“可怜绣户侯门女，独卧青灯古佛旁”倒是给我留下了惊鸿一瞥的印象，二八佳人，因家门徒遭变故，余生只能青灯古佛、心如止水，想来也枯燥乏味得紧。记得上中学时，教语文的中年男教师喋喋不休说道：“你们要读好书，只有心无杂念，心如枯井，心如死水，才能在千军万马中闯过高考独木桥！”每听至此，我总忍不住掩嘴偷笑：心如枯井，心如死水，那一个个不都成和尚、尼姑了。

毕业工作后，随文友团一起去徽州雄村造访竹山书院，隔着山脚下曳翠逶迤的新安江，对岸隐隐一抹黄墙黛瓦，恍若古刹庙庵，踯躅间，当地导游似看出我的心思，言语中满足自豪地介绍起古庵的来历。雄村人引以为傲的名相曹振镛，小时候顽劣，读书不用功，待字闺中的大姐激道：“你若读书做官能赶上父亲，我便出家为尼！”少年心性，最受不得激将，于是“三更灯火五更鸡”，直到衣锦荣归那刻，家姐果兑现其诺言，剃去了一头青丝，少年跪下苦苦泣求，切莫戏言当真。可佛祖面前，岂容儿戏！于是，一身缁衣，遁入空门。我在想，当她金石之音一落地，余生便是“身未进寺庙，心已入佛门”，不论弟弟出息与否，她终将苦守一世，用自己的一生作赌注，输赢皆悲。可这份“长姐为母”的苦心，这等“舍身饲虎”的决绝，竟令人打心底油然生出几缕悲壮。我遥望古庵，脑海里又浮现出一幅“可怜绣户侯门女，独卧青灯古佛旁”的画面。此时的青灯，给人一种说不出的凄切，道不尽的苍凉。

闲暇无事，我漫步家乡的千年老街平江路，不经意间拐入一条不起眼的小巷，一脚踏入红尘清静之地——卫道观。据史载，明朝嘉靖年间，有一名无父无母、寄人篱下的孤儿，在此宵衣旰食十年，一举蟾宫折桂。他就是我的先祖——苏州状元、万历首辅申时行。流连于此，我仿佛看到在这四面漏风的破观中夤夜苦读的身影，夜因灯而短，在一个个天寒地冻的夜晚，陪伴他的仅有一盏青灯，寸火虽微，灯下的字并不一定清晰，夜半时分，天地俱寂，火苗不时跃动、摇摆着。在这睡意浓倦之际，灯花突地“噼啪”一响，骤然分外亮堂起来，映红了少年的脸庞，亦点燃了他内心深处的梦想。“吾咿声里漏初长，愿借丹心吐寸光。万古分明看简册，一生照耀付文章。”此处的青灯，燃尽一生，为清贫自持的读书人拓出一片清朗乾坤，承载着他们的希冀，又完成了自己的使命，让中华民族勤学之风源远流长且日臻其皇，温暖又可敬。

我的童年，有一段日子曾寄居在郊区外婆家，那时的江南乡镇，电灯尚未遍及每家每户，冬夜寒长，晚饭过后，桌上置青灯一盏，我那心灵手巧的外婆在灯下做针线活，外祖父则靠着枕头笃悠悠地抽水烟，年幼的我一本本翻弄图文并茂的连环画，乐此不疲。这样的画面，颇似汪曾祺老爷子散文《冬天》里“家人闲坐，灯火可亲”，彼时母亲经常上夜班，忆及当年的“风雪夜归”，母亲说看到里外一明一暗、一暖一寒，屋里还有她的老父母和小宝贝，心头瞬间涌起一股融融暖意。此时的青灯，在母亲眼里，如此这般可亲，映衬得连“荒寒静谧”的乡村冬夜都温馨可爱起来。

（申功晶）

第 11 章　他山之石

鼓励孩子去尝试

“只有尝试，才能让孩子获得对事物和生活的真实的理解。”

——威茨格

“说到底，给孩子多多提供尝试机会也是实施挫折教育的一个组成部分。”

——舒马赫

德国儿童擅长做家务在西方国家中是出了名的。据悉，有的德国孩子甚至早在牙牙学语时便开始在父母的指导下学做一些最简单的家务活，如在用餐前帮助大人把餐具摆放端正等，尽管有时候仅仅是象征性的，他们干完了大人还得重来一遍。但长此以往锻炼下来，德国儿童的动手能力就自然而然地出类拔萃了。因为他们明白一个浅显的，却又被许多人忽视的道理——没有足够的尝试，也就不可能取得最后的成功。

虽然孩子第一次学习洗脸极有可能洗不干净，甚至可能边洗脸边忘乎所以地玩起水来，但父母见此并不会沉起脸收起毛巾，或干脆代劳了事。大多数的妈妈会在耐心指点的同时对孩子的表现大加赞赏：“真了不起！我们的宝贝会自己洗脸啦！”

孩子第一次自己动手吃饭也许会弄脏了新衣服，或者搞得满桌狼藉，然而父母往往对此“视而不见”，反而满怀喜悦又诚心诚意地高声赞美道：“我们的宝宝真聪明，饭吃得多好！”

5岁的小埃娃第一次学习扣自己衣服上的那一排扣子时，不是扣错了，便是笨手笨脚地老也扣不上。此时，在一边的母亲没有显出一丁点儿不耐烦，也没有上前取而代之，而是耐心地等候。孩子终于把最后一颗扣子扣好了，一看时间，足足花了一刻钟。但做妈妈的仍然感到这点时间花得值得，因为这毕竟是女儿第一次学扣扣子呀！

6岁的小费特十分喜爱爸爸给他买的那双有漂亮鞋带的运动鞋，可他还小，老学不会系鞋带，有好几次还系成了解不开的死结。妈妈有点心烦，主张去商店换一双不用系鞋带的“方便鞋”，但爸爸不同意。他鼓励小费特说：“系鞋带并不比吃饭难学，只要多练习几次，你肯定就能学会。”他还细心地将一条旧领带拴在椅背上以便孩子可以更频繁、更方便地练习打结。果然不出3天，小费特不仅学会了系活结，而且还学会了好几种系鞋带的方法。

4岁的小玛格丽特不仅聪明伶俐，而且十分勤快。她已经学会了整理自己的床铺，折叠自家衣服，甚至可以帮着妈妈洗菜了。不过以大人的目光来看，小玛格丽特做家务的“质量”自然还不够理想。但无论是爸爸还是妈妈，都尽量放开手脚让她多作尝试。在委婉地指出她的不足的同时，更多的是对她取得进步的充分肯定。他们还不无幽默地宣称：“我们的小玛格丽特以后长大了一定是个巧媳妇！”

德国著名的儿童教育专家舒马赫在对那些不愿为幼童提供尝试机会的父母的心理做分析时指出：

首先，有些父母，特别是一些年轻母亲，总认定“全面”照顾孩子是自己“义不容辞”的责任，因而事事处处总想“包办代替”。殊不知这么一来反而剥夺孩子学习的机会，长此下去孩子不仅可能手脚笨拙，而且还可能产生强烈的依赖性，丧失宝贵的自信心，对今后的生活也可能产生负面影响。

其次，不少父母对孩子缺乏耐心，他们往往不现实地要求孩子“一蹴而就”，而在孩子遇到挫折时便强迫孩子放弃努力。

再次，有的父母对孩子尝试各种事情的“标准”要求过高，这也看不惯、那也看不惯，最后就往往索性完全由自己代劳，还认为这样反而省事、省时、省心。

舒马赫总结说：说到底，给孩子多多提供尝试机会也是实施挫折教育的一个有机组成部分。原因很简单：孩子一旦被剥夺了尝试的机会，也就等于被剥夺了犯错误和改正错误的机会，因此也不可能迈向成功之路。

（张　静）

转载新世界出版社《世界教子经典智慧全集》

培养女儿的独立人格

1979 年 5 月,撒切尔夫人作为英国女首相搬进举世瞩目的唐宁街 10 号时说:“我的一切成就都归功于我父亲罗伯茨先生对我的教育培养。”

罗伯茨是英国格兰文森小城的一家杂货店主。当撒切尔夫人才 5 岁时,他就教导女儿:凡事要有自己的主见,用自己的大脑来判断事物的是非,千万不要人云亦云。在日常生活中,罗伯茨着重培养女儿“严谨、准确、注重细节,对正确与错误严格区分”的独立人格。当撒切尔夫人 7 岁时,罗伯茨带女儿到图书馆去,只允许她看三类书:人物传记、历史和政治书籍。他有意引导女儿日后开始惊天动地的政治生涯。在家里,罗伯茨有意与女儿就各种问题进行辩论,以造就她机智沉着、语言辉煌、充满感染力和穿透力的雄辩艺术。

正是罗伯茨对女儿独立人格的培养,才使撒切尔夫人从一个普通的女孩,成长为在世界政治舞台上叱咤风云的政治家与“撒切尔主义”的创始人。

(佚　名)